JN295812

●近代経済学古典選集────2●

## クールノー
## 富の理論の数学的原理に関する研究

中山伊知郎 訳

日本経済評論社

Ἀνταμείβεσθαι πάντα ἁπάντων ὥσπερ χρυσοῦ
χρήματα καί χρημάτων χρυσός.
Plut. de εἰ ap. Delph. 8


すべてのものをすべてのものに対して交換すること
諸貨物を金と換え金を諸貨物と換うるが如し
プリュタルク，デルフィ殿門の標語第八「爾は斯く在り」

# 訳者序文（1）

**1** 本書はオギュスタン・クールノー (Augustin Cournot) の著 Recherches sur les principes mathématiques de la théorie des richesses, Paris, 1838 の翻訳である。

原著は長い間いわゆる不遇の書物であった。レオン・ワルラスがパリの Académie des sciences morales et politiques における研究報告の中で初めてこの書を紹介し，かつこれに対して適当なる注意を要求したのは1873年の8月であって，まさに原著公刊の35年の後である。またジェヴォンズはその『純理』第2版の序文を書いた1879年にいたってなお，この著がほとんど知られていないことを述べている。けれどもワルラスやジェヴォンズによって一度その真価が見いだされた後においては，この著の地位はもはや動かすべからざるものとなった。それは「経済学における最高の法則性を数学的に表現したる最良の叙述」（エッジウォース）として数理経済学の建設者たる名誉が与えられるのみならず，その内容とする「驚嘆すべき分析」（ジェヴォンズ）は今日なお生きたるものとして経済理論一般の上に強い影響を及ぼしているのである。「クールノーの天才はその手を通るほどの者に新たなる精神力を喚起せずには止まぬ」というマーシャルの言葉は，マーシャル教授自身の偉大なる業績と相まって最もよくこの著の面目を伝えるものであろう。

**2** 原著の内容の一々に立ち入って紹介批評を行なうことはもとよりその所ではない。けれどもそれが直接に現代の理論に交渉する諸点については若干の補足的説明を加えておきたい。

原著の主要なる部分は第4章「需要の法則」から始まる。需要の法則とは，

一定の商品の販売高すなわち需要量とその商品の価格との間の関数関係をさすものであるが，クールノーがこの関数の経験的なる一定の性質に基づいて展開するところの数理論こそは本書の最も美わしき叙述をなすものである。この叙述の形式がまずワルラスを通じて近代数理経済学体系の基礎となっていることについては多く述べる必要はない。ここで付加すべきことはむしろそれが叙述の現実的，経験的なる方法によって直接に現代の統計的経済学につながる一点である。すなわちクールノーはその需要の法則を展開するにあたってなによりもまずこれを与えられたる経験的事実として出発する。この経験的事実としての需要の法則は根本的にはいうまでもなくその商品の利用，その商品の提供するところの用役の性質ないしはその商品によって得られる享楽の性質によって異なるものである。けれどもかれはこれらの主観的の要因を計量しえざるものとしてまったく考察の外側に置く。この根本的の問題を主観的利用の考察をもって補いたるものがゴッセン，ジェヴォンズらによって始まるいわゆる心理学派であり，さらに両者の総合を試みたるものがワルラス，パレートである。ワルラスがその一般均衡理論の建設にあたってクールノーに負うところはまずその叙述の形式にあると述べているのはこの意味であって，ここではクールノーは自ら経済現象の取り扱いに一個の重要なる限界を認めるものである。ただこの限界はそれがおのずからに今日の統計的経済学への道を拓くことになっている意味において決して単に消極的な限界ではない。かれがなによりも客観的に与えられたる経験的事実を前提として出発することは，やがて経済理論の統計化を企図する近代の学者に対してほとんど直接の典拠を与えることになったのである。実際ムーア (H. L. Moore, Synthetic Economics, 1929), シュルツ (H. Schultz, Statistical Laws of Demand and Supply, 1928) のごとき人々によって開拓せられつつある需要曲線の統計化において中心的役割を果たすものは需要の弾力性にほかならないのであるが，この弾力性概念に対して最も明確なる数学的表現を与えたものはクールノーにほかならないのである（本文第24節）。

## 訳者序文(1)

　さて一度かくのごとき需要の法則が与えられたとすれば問題は各人がこの与えられたる条件の下においていかにして最大の収益を獲得するかに帰する。この場合必要なる唯一の公理は各人がその労働または財から最大の価値実現を期するということのみである。簡単なる場合から複雑なる場合に進むために第5章においてはまず独占の場合が説明される。この独占論の内容はその単純明快なる叙述をもって今日の独占理論の基準をなすものであるが，われわれの特に注目すべきことはこの叙述の間にすでに限界生産費の重要が指摘されている点である（本文第29節）。およそ限界の思想はマーシァルの明らかに指摘するがごとく近代経済学の骨格の一つを成すものであるが，それはクールノーにおいてはまさに数学的方法の有効なる適用によって明確に達しているのである。もちろん限界の観念をより広汎に用いたる点においてははるかに後年の限界利用学派に及ばないであろう。主観的利用の考察はすでに述べたごとくクールノーの主たる関心ではなかったからである。けれどもこのことは限界概念の重要の認識に少しも影響を及ぼすものではない。特に近代の生産費の分析，ないしいわゆる収穫法則の分析において限界生産費の有する重要を顧みる者は必ずその最初の表現者としてのクールノーを想い浮かべねばならないのである。

　独占より自由競争に移るにあたってはクールノーはその中間の場合としてまず2生産者の競争を論ずる，すなわちまったく同一の商品が競争的なる2生産者によって市場に供給せられる場合，いわゆるデュオポリー（duopoly）の場合がこれである。われわれはこの1章においてなによりもまず複雑なる自由競争の場合が一歩一歩着実に築き上げられていく思考過程のみごとさを見るべきであるが，ここには歴史的なる一つの論争が含まれている。すなわちクールノーはこの場合競争的なる2生産者が互いに相手方を顧慮することなくして自己の利益を最大ならしめんとする仮定の上になお安定なる均衡が成立すると説くのであるが，この結論はまずベルトラン（J. Bertrand, "Théorie mathématique de la richesse sociale" *Journal des Savants*, 1883）およびエッジウォース（F. Y.

— iii —

Edgeworth, "Teoria Pura del Monopolio", *Giornale degli Economisti*, 1897)によって否定せられた。かれらの論拠は必ずしも一致するものではないが, 要するに各生産者が任意にその生産量を変化しうるという仮定の下においては安定なる市場の均衡状態は到達せられないというのである。この見解はかなり長い間学界を支配し, したがってクールノーのデュオポリー理論は問題の提出以上の意義を有しないかの観があったのである。しかしながらこの学界の定説は最近にいたって再び根本的に翻されるにいたった。この傾向に先鞭をつけたのはクヌート・ヴィクセル (Knut Wicksell, Vorlesungen über Nationalökonomie, 1913) であって, ヴィクセルはクールノーの結論が完全にその前提たる仮定と両立することを証明したのである。ヴィクセル以後今日にいたるまでのあまたの研究はかくて再びクールノーの結論に有利なる転回を示しつつあるのであるが,

(この点について H. v. Stackelberg, Marktform und Gleichgewicht, 1934 における学説史的叙述を参照) この転回はまたもってかれの思索の尋常ならざることを知るに足るものと思われる。

この中間的なる不完全競争の場合より進んで叙述は「無制限なる競争」(第8章) に入る。すなわち競争は各生産者の生産量が総生産量に比して著しく小となり, これを除外しても商品の価格にはほとんど影響を及ぼさない場合にその頂点に達するのであるが, これこそ自由競争の場合であってわれわれはここに自由競争の最も正確なる定義を見いだすのである。クールノーはこの定義からきわめて容易に完全なる競争の下においては価格は界限生産費に等しきことを示し(第50節), かくて独占から自由競争にいたる一切の場合の均衡が決定せられるにいたるのであるが, 独占を一方の極限として, 自由競争を他方の極限として一方より他方への理論の展開を着実厳密に築き上げていく過程のみごとさはまさにクールノーの全面目を発揮するものである。ただかれの論述は以上のごとく独占を出発点とし, 不完全独占の場合を経て初めて自由競争の一般的な場合に到達するという順序をとるがためにそれはしばしば独占中心論として単に特

## 訳者序文(1)

殊の均衡を論じたにすぎないように考えられることがある。けれどもクールノーが独占から出発することは決して独占の特殊の場合に自らを限定することを意味するものではなくて，自由競争から出発する一般の理論と同様にもって経済の全領域をおおうべき理論の建設を目的とすることは叙述全体の構造より見て十分に明白である。すなわちそれが出発点として独占を採るか，自由競争を採るかということは少しも理論の一般性を動かすものではない。のみならず，ある場合にはわれわれはクールノーのごとく独占を出発点として採ることがはるかに現実に近いものであると考えうるであろう。クールノーの場合においてすら独占を出発点とすることは単なる論述の便宜に出づるものではなくてむしろかれが広義における独占を事物自然の性質と考えたこと（たとえば Cournot, Revue sommaire, p. 74 参照）によると見るべき理由もないではない。もしかくのごとくに考えられるならば，独占中心的なかれの均衡論はむしろ全体としてかれの現実的なる立場を示すものと解しうるであろう。現実において最も重要なる場合はしばしば完全なる自由競争ではなくて，多少とも独占に近き場合だからである。そうして現代の経済学においてたとえば独占的競争 (E. Chamberlin, The Theory of Monopolistic Competition, 1933)，不完全競争 (J. Robinson, The Economics of Imperfect Competition, 1933) の理論が理論の現実化の問題として活発に取り扱われつつあることは再びクールノーを顧みる機会をますます増加しつつあるものである。

　この分析の結果を利用しつつクールノーの叙述は生産の問題から分配の問題に移る。同一商品の生産に参加する異なる生産者間の相補関係を論ずる第9章がそれである。われわれはここに生産と分配の問題を完全なる統一的見地の下に取り扱わんとする重要なる企図を見いだすのであるが，それから引き出された結論として注目されるのはむしろ「市場の連絡」について論ずる第10章である。この1章における著者の目的は，市場の連絡が常に必ずしも両市場における生産高を増加しまたその収益を増加するものでないことを証明することによ

って自由貿易の論拠に対して理論的なる吟味を加えることにある。もちろんかれはこの証明によって自由貿易政策に反対すべしと主張するのではない。またその論証は今日の立場から見て決して十分ではなく，ここにはむしろ若干の数学的誤謬すら含まれているのである(後段数学注参照)。しかしながら自由貿易の理論的根拠が今なお経済理論上の未決定の問題を含むとせられるとき，この問題の科学的研究に最初の企図を示したるクールノーの所説は今日なお十分の注目に値するのである。(F. Bompaire, Du principe de liberté économique dans l'œuvre de Cournot et dans celle de l'École de Lausanne, 1931 参照)

最終の2章は社会所得およびその変動の研究にあてられる。ここに社会所得とは一切の個人所得の合計をさすものであるが，かれはこの社会所得があるいは価格の騰落により(第11章)また通商関係の樹立に基づいて(第12章)かなる変動をこうむるかを研究するのである。かれはこの分析においてもまたすでに述べた現実的，客観的立場を守りつつ一切の主観的なる評価を論外に置くのであるが，われわれはここではかれの分析がこの制限によって著しく効果を失っていることを認めねばならない。すなわち経済学のその後の発達によって示されるがごとく所得論こそは他のいかなる部分よりも主観的なる価値評価の理論によって解明せられねばならぬ部分だからである。かような意味においてそれはすでに早くパレートの批評をうけている。(V. Pareto, "Di un errore del Cournot nel trattare l'economia politica colla matematica", *Giornale degli Economisti*, 1892) しかしながら，それにもかかわらずもしわれわれがたとえば今日のピグー教授の厚生経済学の所論とクールノーのこの部分の所論とを比較するならば，そこには意外に多くの類似の論述を見いだすに相違ない。(たとえば Á. C. Pigou, The Economics of Welfare, Part IV の叙述を見よ。)ここでもわれわれはクールノーの所論から学ぶべき多くの点を有するのである。

3　クールノーの生涯を知るべき資料としては第一にかれ自身の追想記をあげねばならぬ。A. Cournot, Souvenirs 1760-1860, Précédes d'une intro-

訳者序文(1)

duction par E. P. Bottinelli, Paris, 1913. また自伝の主観的な一面性を補うものとしてはムーア教授の生彩ある一文がある。H. L. Moore, "The Personality of Antoine Augustin Cournot", *The Quarterly Journal of Economics,* 1905.（この一文は「アントアヌ・オギュスタン・クールノーの人物」として本訳書旧版に訳載されている。山田雄三教授の訳筆になるものである。）いまここではこれらの資料に基づいて簡単な事実を摘記するにとどめる。

クールノーは1801年8月28日，フランスのグレーに生まれた。幼年期の教育はその土地でうけたが，やがて数学研究の必要を悟ってパリの高等師範学校 École Normale に入学した。それは1821年の8月である。この学校は不幸にして翌年廃校となったがかれはなお 1, 2 年はソルボンヌに滞在して学生生活を送った。この前後はかれの一生の中では最も幸福な時期であったように見える。クールノーはこの時期について次のように書いている。「私は読まなかった，書かなかった，働かなかった，工夫もしなかった，たゞ耳を傾けさへすればよかった，反省さへすればよかった。その時代は私の生涯で最も幸福な時期であった」と。（訳文は山田教授訳「クールノーの人物」による。）しかしこの同じ時期にすでにかれは視力の弱さのために悩まされていたのであり，それはかれの一生の研究の障害となったのである。

1823年の10月，かれは当時戦争歴史を執筆中のグーヴィオン・サン・シール元帥 (Maréchal de Gouvion St. Cyr) の秘書として働くことになった。この仕事はその後10年間続けられたものであるが，この期間はかれの科学的成長のためにきわめて貴重な時期であった。元来かれがこの仕事を選んだ理由は十分の余暇とパリに滞在しうることとまた自由に研究を続けうることにあったのであるが，研究に対するかれのこの期待はおおよそ満足せられたように思われる。この間にかれは Docteur ès sciences mathématiques(理学博士)の称号をとり，また多くの論述を著わした。論文のあるものは当時大学における数学の権威者ポアソンの注目するところとなった。これはやがてかれがポアソンの推挙によ

— vii —

ってリヨンに新設された理学部の解析学と力学との講座を担当し（1834年）またグルノーブル（Grenoble）のアカデミーの校長となるにいたった（1835年）機縁をつくるものであった。これから1840年クールノーにとってはほとんど唯一の知己であったポアソンが没するまでかれの公職の上には数度の昇進がなされた。それはポアソンを初めとして親切なかれの友人たちの尽力によるものであって，当時の教育家が名誉とした視学官の称号を授けられたのもまたこのころのこと（1838年）である。ポアソンの死後もクールノーの公職の上には数度の変化があった。けれどもこれらの変化は必ずしもかれの気に入ったものばかりではなかった。ついに1854年には自ら希望して視学官の地位を去り，ジジョン（Dijon）のアカデミーの校長になった。このときの感想をかれは次のように記している。「私としてはこの稍突然の更迭を別に遺憾だとも思はなかつた。人はその天性から喜んで故郷近くに立ち戻らうとするものである。アムベールとかルトローヌとか云ふ名家と一緒に視学官の称号を帯びて居たのも余程長い間であつたので，仮令収入が多くともつまらない地位を去りたいと云ふことは，私のかねて待つて居たことであつた」と。これはかれが視学官の職務にまったく飽きていることを示しており，またかれが当時の政府の教育政策に不満であったことを示している。しかし同時にかれ自身もその仕事が終わりに近づいたことを感ずるようになった。1859年にはこのジジョンの校長をも引退し，1862年には一切の公職を去ってパリに移った。そこでかれはその死（1877年）にいたるまで著述に従事したのである。

　クールノーの生涯における著述は1838年の『富の理論』を実質的の第一著として十数種の多きにわたっている。また著述の範囲も経済学から哲学，数学の広い領域に及んでいる。すなわち経済学の領域においてはこの第一著に続いて，第二に『富の理論の原理』(Principes de la théorie des richesses, 1863), 第三に『経済諸学説概覧』(Revue sommaire des doctrines économiques, 1877) があり，数学の領域においては第一に『関数および微積分学の初歩』(Traité élémentaire

訳者序文(1)

de la théorie des fonctions et du calcul infinitésimal, 1841) を初めとして, 『偶然ならびに確率の理論』(Exposition de la théorie des chances et des probabilités, 1843), 『代数と幾何との対応関係, その起源ならびに限界』(De l'origine et des limites de la correspondence entre l'algèbre et la géométrie, 1847) があり, また哲学その他に関するものとしては, (1)『吾人の認識の根拠および哲学的批判の性格に関する論述』(Essai sur les fondements de nos connaissances et sur les caractères de la critique philosophique, 1851) (2)『科学および歴史における根本概念の連結にについて』(Traité de l'enchaînement des idées fondamentales dans les sciences et dans l'histoire, 1861) (3)『思想の進歩および近代における諸事件についての考察』(Considérations sur la marche des idées et des événements dans les temps modernes, 1872) (4)『唯物論, 生気論, 合理論——科学上の事実の哲学への応用に関する研究』(Matérialisme, vitalisme, rationalisme——Études sur l'emploi des données de la science en philosophie, 1875) 等がある。

クールノーのこれらの多方面にわたる研究は近年ことにかれの死後において著しく専門家の注目を引くにいたっている。『富の理論』を中心とする経済学への貢献については改めて述べる必要はない。数学における研究についてはすでにポアソンの評価によって十分にその価値が認められるであろう。さらに哲学ないし歴史に関する研究においてもまた, われわれはかれをもってサント・ブーヴに比べた社会学者タルド (Tarde) の言葉によってよくその真価の一端を悟りうるのである。まことに社会科学と数学との, しばしば相反する興味の対象とされる二つの領域にわたってかくのごとき影響を残しえたクールノーの業績は十分に偉とするに足るものであろう。これらの業績を全面について語ることは, しかしながらここにわれわれの企てうべきところではない。特にクールノーの研究のために捧げられたる *Revue de méthaphysique et de morale* (mai 1905) の1巻は, 各方面の権威によるクールノー研究の一記念塔として,

われわれのこの要求を満足してくれるであろう。

　以上われわれは一面においてクールノーの生涯の簡単なる事実を叙述し，他面においてこの生涯における科学的労作の重要なるものに関説した。これらはいずれもかれを伝うべき客観的事実である。しかしながらもしわれわれがさらに人間としてのかれの真価を理解しようとするならば，われわれは進んでこれら二つの事実をつなぐところの事情を顧みなければならぬ。換言すればこれらの労作がいかなる環境の下に成立したかを顧みなければならぬ。すなわちこれらの科学的労作はその生涯の記録によって明らかなるがごとく，多くは逆境に戦いつつ不撓不屈の精進によって成れるものであった。かれには長い間自立するだけの収入もなく，また公職についてからは十分の余暇がなかった。かれは生涯を通じて弱き視力のために苦しめられ，その眼は継続して使用するに耐えなかったといわれている。さらにかれの科学上の労作は若干の翻訳書——たとえばサー・ジョン・ハーシェルの『天文学』(Sir John Herschel, Traité d'astronomie augmenté d'une chapitre sur l'application de la théorie des chances à la série des orbites des comètes, 1836)や，ラードナーの『力学』(Kater et Lardner, Éléments de mécanique, 1836) のごときもの——を除いてはほとんど一般の興味を引くものではなかった。それらは当時にあっては多くは黙殺せられるかまたは心なき批評の的となったものであって，ただわずかに少数の識者によって認められたにすぎなかったものである。かくてこの恵まれざる環境とこの科学的業績とを合わせ考えるならば，人はおそらくはいっそうの確信をもってかれが19世紀におけるフランス科学史上の偉才であることを認めるに躊躇しないであろう。

　4　原著にはすでに伊，英，独の三つの翻訳がある。そのうち英訳(Researches into the Mathematical Principles of the Theory of Wealth, Tr. by N. T. Bacon, N. Y., 1897, 213p., Repr. 1927)はフィッシャー教授の監修の下に成れるものであって原著における多数の誤植が訂正せられ，また巻末に数理経済学に関する

訳者序文(1)

詳細なる文献 (1711—1897年) が添付せられている点において原著以上の価値を有するとさえいわれているものである。

　この邦訳は初め福田・坂西両先生編纂の『内外経済学名著』の1冊として刊行 (昭和2年同文館) せられたものである。この旧訳の出版はその成立の動機はもとより，その刊行の手続きにいたるまでまったく故福田徳三先生の手を煩わしたものであって，その意味において自分にとって忘れがたき記念である。けれども恩師の身にあまる激励にもかかわらず翻訳の成果はとうてい期待に酬いうるものではなかった。翻訳の欠点は日を経るに従って明らかになり，改訂の必要はますます強く感ぜられるようになった。自分はこれについてそのときどきに旧訳の欠点を指摘してくれた先輩知友の親切に感謝せねばならぬ。特にこの叢書の編纂者坂西由蔵先生，ならびに旧訳の完成を援助された杉本栄一，山田雄三両教授がその後も引き続いて貴重なる忠言を賜わったことは自分の深く感銘するところである。これらの人々の親切な注意なしには改訂の業はとうてい進まなかったであろう。もちろんここに公にする改訂版においてもなお誤りなきを保しがたい。しかしいま自分は岩波文庫によって思いのほかに早く改訂の機会を得たことを感謝しつつ，いくらかでも心に適った訳書を世に送ることをひそかに喜びとするものである。なおこの改訂訳の出版のために，即時の快諾を与えられた坂西先生ならびに同文館当事者に対しては深く感謝せねばならぬ。

　旧訳と同様に翻訳にあたっては特に英訳に負うところが多い。原著における数学上の誤植については一々これを特記することなしに英訳における訂正に従った。数学注については旧訳どおりフィッシャー教授の補注を訳載することとした。（この補注は英訳の新版〈1927年〉には巻頭に採録されている。）また旧版における図形の付図を廃止して図形はすべて本文の中に組み込むことに改めた。さらに，〔　〕中の言葉はすべて訳者の注解である。最後に本文中の数学式には無理をしてやや大型の活字を用いてもらった。これによって明瞭を期すること

を得たのは一に岩波書店本堂繁松氏の御好意によるものである。すべてこれらの配慮が多少とも読者を利益することとなれば幸いである。

昭和11年4月

訳　者

# 訳者序文（2）

　クールノー『富の理論』の翻訳は，初め福田徳三・坂西由蔵両先生編集の『内外経済学名著』の1冊として昭和2年の末に同文館から発行された。ところが私は同じ昭和2年の2月に文部省在外研究員の命をうけて，欧州に出発していた。実はこの出発までに完成するはずの訳稿がまだできていなかった。原稿はそのまま北野丸の船室にもちこまれることになった。横浜からマルセイユまでの行程は当時約40日を必要としたので，その時間をあてにしたわけである。しかし初めての旅ではあり，印度洋は暑いし，港々の見物もあって，加筆はいっこうに進まない。それを傍から助けてくれたのは，幸運にも同室した東北大学の岡田良知教授であった。教授はその頃すでに新進の関数論の学者として知られていたが，私の訳稿の中に出てくる数学式をみて，全部マトリックスに書き直してあげようかといってくれた。それは結局実現はしなかったが，式の展開でわからないところを親切に教えてもらった。私はどうにか加筆修正を終わって，マルセイユに到着すると同時に，原稿を送りかえすことができたのは，まったくこの思わざる協力者のおかげである。

　原稿は送りかえしたものの，翻訳はもちろん未完成のままである。自分自身で不満足なのだから，他から見ても不出来だったのはやむをえない。それを補う意味で，杉本栄一教授は数学注を全部読み直してくれたし，山田雄三教授は，ムーアのクールノー伝を翻訳して添付してくれた。結局同門の友人を煩わしたわけであるが，もちろん公刊されたものの責任は訳者にある。

　その伝記によるとクールノーは『富の理論』を書いた1838年の前後10年あまりをグルノーブルに暮らしている。どんな所かといささか気になっていたが，

戦前にはついにそこを訪ねる機会がなかった。そのグルノーブルの大学にローベル・モッセ教授 (Robert Mossé) を訪ねたのは，1962年である。教授の案内で，大学の中を見学し，経済学部の若い教授たちにも紹介されたが，クールノーについては何の記念物もなかった。私は学史的な詮索に特別の興味をもつものではない。しかし，クールノーの業績は，今日でも決して死んではいないので，そのうちに誰か有志の学者によって，その業績にふさわしい記録が書かれることを期待している。

　クールノーは，たしかにそれに値する古典である。このことはマーシァルによって天才と呼ばれたクールノーについて，こと新しくいう必要はあるまい。しかし，経済学において古典とは何であるか。多くの学者に引用されることが必ずしも要件ではないし，歴史的な学説発展の時期を画するものが，常に古典としての生命をもつものでもない。独創性とか，明快さとか，場合によっては一般とは違うという意味での特異性が，古典の要件となっているし，よく引用されるというのは，こうした要件のどれかを具えているということであろう。しかし，経済学の古典としてそれだけでは物足りない。それは現代の経済学の発展に何かの刺戟を与え，「その手を通るほどの者に，新しい精神力を喚起せずには止まぬ」(マーシァル) ものでなければならぬ。こういう作用をもつことによって，古典は初めて古典としての意味をもつものとなる。しかし，このような古典の定義は，抽象的で主観的で，どこまでいっても結着はつかない。あるものを古典とし，あるものを古典としない。そうした分類にもし意味があるとすれば，それは読者がそこから何を学んだかの内容によってきまるものであろう。それでは，私はクールノーから何を学んだか。

　私が『富の理論』からうけたもっとも強い印象は，完全独占から始めて完全競争にいたる一連の価格決定の問題を，一つの極限原理の展開として，明快に説いている点である。完全独占の場合の均衡価格がクールノーの点として有名なことは，いまさら説明する必要はない。彼が「無制限なる競争」と題する1

## 訳者序文(2)

章で説明している競争価格は，後にレオン・ワルラスが一般均衡理論の中で説明したところの，生産者にとって利益も損失もない価格の定義ほど明確ではないが，それでも独占価格の反対の極としての完全競争価格の性格を鋭く指摘している。クールノーの美点は，この二つの極を一つの理論の展開として，一貫的にとらえていることである。彼の説明の仕方は現実的で，これを異なる商品の異なる需要法則として展開しているのであるが，その全体は一つの需要法則によって統一されている。今も昔も現実的には成立，変動ともにはなはだ複雑な価格という現象が，クールノーの分析を通過することによって，一つの論理のもとにとらえられる。それは読者の心に知的なよろこびを与えると同時に，一つの論理のもとにこそ現実をよりよく理解しうることにもなる。それこそ真の意味の理論である。

　もちろん，この一貫した論理の展開は，クールノーの場合に，すべてが成功しているとはいえない。独占から競争にいたる途上にある複占や，双方独占の場合の価格決定が，その後大きな論争の対象になったことは，改訂岩波版の序文の中にも述べたところである。しかし，そうした論争はまずグールノーの原理的展開を土台として発生した。逆にいうとこの原理的展開の中には，そうした新しい問題を問題とさせるだけの刺戟が与えられている。こういう議論がやがて現代の寡占の理論につながるものとすれば，クールノーの影響は，そのことだけによっても，現代にまで生きているといって差支えがない。こういうことをあまりに誇張するのは，ひいきの引き倒しで，反って古典の価値を損ずるものかもしれない。しかし，私にとってのクールノーの第一印象は，まさに独占と競争との二極を結ぶ一貫した論理であった。古典はこういう意味で時代と共にかわるべきものだと思う。新しい時代は，それこそ新しい古典を発見すべきである。

（中山伊知郎全集第三集〔講談社，昭和48年6月〕，第3集への序文から抜粋）

# 原著序文

　政治経済学として知られる科学は，1世紀にわたって幾多の思想家の興味の中心であった。しかしその一般的に普及せること今日のごときは未だかつて見ざるところである。それは，本来の政治学と共に，今日最重要の発表機関たる大雑誌の注意を分かっている。が同時に一般の人々は理論や体系には著しく飽きて，今やその要求は，いわゆる実証的なことがら——すなわち経済学の領域においては税関の記録，統計的文書および官庁の報告書等，現在国家の眼前に起こりつつあり，かつまた社会の各階級にきわめて直接な利害をもつところの重要問題に対して経験の光を投ずべき事物に向かっている。

　余は決してこの思想傾向に反対しない。それは良い傾向であり，また科学のあらゆる部門の発達を支配する法則に一致するものである。ただ余は次のことをいっておきたい。すなわちいかなる科学でも，その初期においては，体系への衝動が必然的に理論構成の誘因となるものであるが，それにもかかわらず，理論と体系とは混同してはならないことこれである。またこれに加えていおう。理論は科学の発達において，たとえわずかなりとも必ず参加せねばならない。また他のいかなる人々よりも，特に余のごとき職業の者に対しては，きわめて多面的なる一般的興味の題目を，純然たる理論的の立場から考察することを許されるべきであると。

　ところが本書の表題は，単に理論的研究を示すのみではない。それは，余がその研究に数学解析の公式および符号を応用せんとすることをも示している。これはおそらく出発点においてすでに，著名な理論家の非難を一身に引き受ける計画であろうと思う。かれらは口を揃えて数学公式の使用に反対する。また

## 原著序文

今日，スミス(Smith)のごとき大思想家や，またいっそう近代の他の著述家によって根を固められた，この僻見に打ち勝つことは，明らかに困難であろう。思うにこの僻見を生んだ理由は，一方においては，理論に数学を応用しようと考えた少数の人々が理論を眺める観点を誤ったことにあり，他方においては，経済学の問題については賢明にして精通せる人々が，数学には縁遠いためにこの解析に対して抱くところの誤解に基づくものである。

この方面において従来なされた試みはほとんど知られていない。余もただ一つを除いては，単に表題を知りえたのみである。その一つとは，カナール(Canard)の『政治経済学の諸原理』(Les principes d'économie politique)で，フランス共和国第10年〔すなわち1801年〕出版の小著であり，学士院から授賞されたものである。このいわゆる諸原理は，根本的に誤っており，またその応用も非常に誤っていたために，それが著名な団体から認められたにもかかわらず，ついにこの著は黙殺せられた。この種の論文が，セー(Say)やリカード(Ricardo)のごとき経済学者を代数に誘いえなかったことは見やすき道理である。

〔訳者注〕 カナールのこの著の目的はケネー学派の土地単一税説に反対して新たに一個の租税論を樹立するにある。これがために必要なる前提の理論，特にその価格論において，欲望，競争のごとき不確定な観念に対して，確定的なる数学的表現を与えたことが，クールノーのこの攻撃の根本理由である。

余はまた上に経済学の専門学者が，概して富の理論に対する数学解析適用の性質を誤解している旨を述べた。かれらの思うところはこうである。符号ならびに公式使用の目的は，単に数の計算に導くことにある。しかるに明らかに看取せられるごとく，〔経済学の〕問題はかくのごとき理論のみによる価値の数学的決定には適当しない。そこで公式という要具は，たとえ誤れる結果に導く惧れなしとしても，少なくとも無用にして衒学的なものであると結論せられたのである。しかし数学解析に長ずる人々は，その目的が単に数を計算するにとど

—xvii—

まらず，進んで数学的に表現しえざる大いさの関係を見いだすためにも，またその法則が代数的記号をもって説明しえざる関数間の関係を見いだすためにも，用いられることを知っている。たとえばある種の射倖遊戯の場合のごとき単純なる興味の問題を除けば，偶発事件に数的価値を与えるためには必ず経験の助けを要するにもかかわらず，なお確率の理論はきわめて重要なる定理の説明を与えるのである。また同様に，実際が要求する数学的結果を得るためにはほとんどすべての場合に経験に訴えることを必要とするにもかかわらず，理論力学は応用力学に対して最も有用なる一般的原則を与えるのである。

大いさの間の関係が問題となれる場合に，数学の符号を使用することはきわめて自然である。かりに厳密に必要ならずとしても，それが読者のある人々に縁遠いがために，またそれがときに誤って使用せられるがために，これを拒絶することは，決して合理的ではない。けだしそれは問題の叙述を容易にし，これをいっそう簡潔ならしめ，さらに広き発展への道を開き，また漠然たる討論の邪道に入ることを防ぐことができるからである。

著者の中には，スミスやセーのごとく，かれらが政治経済学の論述にあたって，その文体に純文章上の一切の美点を保持した人々もある。がまたリカードのごとく，最も抽象的なる問題を取り扱うにさいしては，あるいはまた，大いに正確を求める場合には，代数を避けえなかった人々もある，しかもかれらは，それを冗長なる算術的計算によって糊塗したのであった。代数的記号法を理解する者は，実用算術においては，その所を得ざる規則のために，多大の労苦をもってしてのみ到達せられるもろもろの結果を，方程式を一見して読み取ることができるのである。

富の理論から生ずる一般的問題の解決は，本来初等代数に依頼するものではない。それは，単に一定の条件を満足するにすぎない不定形の関数を取り扱う解析部門に依頼するものである。これ余がこの論著において確立せんと欲するところである。ただしここに考察せられる条件は，きわめて簡単であるから，

## 原著序文

　この小著の理解には，微積分の初歩原理で十分である。したがってこの著は，この研究題目〔経済学〕に興味ある大多数の人々にははなはだ難解に思われるかもしれないが，しかも余はこれが専門数学者の注意に値するものであるとはとうてい考ええない，ただかれらがこの中にその力に相当する問題の萌芽を発見してくれれば幸いである。

　しかし特にフランスにおいては，有名な学校があるために，すでに十分に数学を研究した後に，その努力を特に社会の注目する諸科学の応用に向ける人々が多数にある。社会の富の理論は，これらの人々の注意を引かざるをえない。しかしてこれを考察する場合，かれらは余と同様に，自らに親しき符号をもって，その分析を確定的ならしめる必要を感ずるに相違ない。その分析たる，通常の言語に訴えるのみで十分であると考えた著者にあっては，一般に不確定であり，またしばしば漠然たるものである。余は，かれらが熟慮の結果この途に入り来たることを思い，この書がその人々になんらかの役に立つことを望み，またその人々の労を少なくすることを希望する。

　自由競争および生産者の相補関係についての第一観念に関する叙述では，かれらはその応用は別として，純然たる抽象的観点からははなはだ興味ある，ある種の関係を認めるであろう。

　余は決して，政治経済学の独断的なるまた完全なる論述を試みようとはしない。余は数学的分析を適用しえない問題，あるいはまたすでに十分解決せられたと思われる問題は措いて問わない。余はこの書が，この種の主題に関する一般的な書物の内容についてはすでに熟知せる読者のみの手に落ちることを予想するものである。

　本書は断じてある体系を支持するために書かれたものではない。またある党派の旗下に参ぜんとするものでもない。いな余は理論からその政治上の応用への途は，はなはだ遠いことを思うものである。したがって，かくのごとく感情的な論争と交渉するところなしとするも，そは決して理論の価値を失うもので

はないと信ずる。かくてこの著になんらかの実際的価値ありとするならば，そは主として，日々大胆に決定せられている多数の問題が，原因の十分なる知識をもって解決することの，いかに困難なものであるかを明白にすることに存する。

# 目　次

訳者序文（１） ……………………………………………… i
訳者序文（２） ……………………………………………… xiii
原著序文 …………………………………………………… xvi

第１章　交換価値あるいは富一般について ……………… 1
第２章　価値の絶対的および相対的変動について ……… 11
第３章　為替について …………………………………… 20
第４章　需要の法則について …………………………… 33
第５章　独占について …………………………………… 44
第６章　独占生産商品に対する租税の影響について …… 54
第７章　生産者の競争について ………………………… 65
第８章　無制限の競争について ………………………… 78
第９章　生産者の相補関係について …………………… 87
第10章　諸市場の連絡について ………………………… 105
第11章　社会所得について ……………………………… 114
第12章　通商より生ずる社会所得の変動について …… 133

付録　数学に対する注解 ………………………………… 151
あとがき ……………………………………… 荒 憲治郎　165

# 第1章
# 交換価値あるいは富一般について

## 1

あらゆるロマンス系の言語に伝来しているチュートンの語幹 Rik あるいは Reich は，もと漠然と優越，威力あるいは権勢の関係を表わしていた。スペイン語では，los ricos hombres が今なお貴族および高名の人々を表わすに用いられており，ジョアンヴィユ地方 (Joinville) のフランス語における riches hommes なる言葉の意味もまたそうである。富 (richesse) という言葉が今日われわれに示す観念は，われわれの文明状態に依頼するものであって，コンクェストの時代においても，あるいはまたはるかに後の封建制度全盛時代においても，その時代のゲルマン民族の人々にはとうてい理解しえられなかったものである。財産，権力，主人・下僕・奴隷間の区別，豊富と窮乏，権利と特権，すべてこれらは最未開の民族間にも見いだされるところであって，個人ならびに家族の集合を支配する自然の法則から必然的に生ずるものと思われる。しかしながらわれわれの進歩せる文明状態の示すがごとき富の観念，あるいは必然的に一つの理論を成立せしめるがごとき富の観念は，商業関係の発達の結果としてのみ，また商業関係が文明制度に及ぼす徐々たる反動の結果としてのみ成立しうるものである。

羊飼いがあって広大な牧場を所有し，かれを侵害するものは必ず処罰せられるとする。しかもこの土地を自ら好む他のものと交換しようと考えることはかれにとって無益である。現行の風俗，慣習には，かかる取引を可能ならしめるなにものも存しないとすれば，この人は土地の所有者である，しかし富者ではない。
　この羊飼いは家畜および牛乳を豊富に所有する。かれは多数の僕婢，奴隷を養いうる。またかれは貧乏な従者に対して寛大な同情をもっている。しかしかれはその生産物を蓄積することはできない。また存在しない奢侈品にこれを交換することもできない。この人は権勢，威力を有し，その地位に相応せる享楽を有する，しかし富は有しないのである。

## 2

　人々が長い間互いに物あるいは勤労の交換を行なうことなしに共存しうるとは考えられない。けれどもこの自然的な，あるいはむしろ本能的ともいうべき行為から交換価値なる抽象的観念にいたるまでには相当に長い間隔がある。この抽象的観念は，交換価値を付与せられる対象が商業的流通にあることを前提とする。換言すれば，その対象を常に他の等価値の対象と交換する手段を見いだしうることを前提とする。かくて商業関係および文明制度によって交換価値をもちうるものこそ，現在の用語において富なる言葉で表わされるものである。したがって明瞭な理論を構成するためには，われわれは富なる言葉の意味と交換価値なる他の言葉によって示されるものとを全然同一視しなければならない。
　この意味において富の観念は明らかに抽象的存在を有するのみである。けだし厳密にいえば，われわれが評価しあるいは交換価値を付与するいかなる物についても，これをわれわれの好むままにまたわれわれの欲するがままに，等価格または等価値の他の物と交換しうるものは一つもないからである。交換行為においても，機械による運動の伝達の場合と同様に，摩擦に打ち克つことを要

## 第1章　交換価値あるいは富一般について

し，損失を負うことを要し，また超ゆべからざる制限がある。大森林の所有者もかれが富者たるは，材木の伐出を賢明に行ない，販路に対して材木の在荷を過剰ならしめざる場合に限られる。また貴重な絵画の陳列室を有する人も一生を通じてついに買い手を見いだしえずに終わるかもしれない。これに反して都市の近郊においては，市場に運ぶ時間さえ費やせば一袋の小麦も金銭に代えられ，大商業中心においては，コーヒーの在荷はいつでも取引所においては売却しうるのである。

　商業の拡張および商業方法の進歩は，事物の実際状態をますますこの抽象的概念の状態に近づける傾きがある。理論的計算は，ただこの抽象的状態の上にのみ築かれうるのである。しかしてこれあたかも熟練なる技師が，磨かれたる表面および正確なる運転によって摩擦を減少しながらますます理論的状態に近づくのと同様である。諸国民の商業組織あるいはマーカンタイル・システムの進歩とはこれをさすのである。これら二つの表現は語源的には同意義であるが，しかし今では前者は善意に，後者は悪意に解せられている。すなわち，ベンサム (Bentham) によればそれが通常の場合であるが，事物の名称に道徳的の利害が含まれているのである。

　われわれはこれらの利害を論じようとは思わない。けだし諸国民の商業組織の進歩は一つの事実であり，事実の面前においてはその可否についての一切の議論は無用だからである。われわれのここに任務とするところは，抵抗すべからざる自然の諸法則を観察することであって，これを批判することではない。人間が測定し，計算し，また体系化することのできるものは，結局測定，計算および体系の対象となる。確定関係が不確定関係に代わりうる場合には結局この代置が行なわれる。もろもろの科学および一切の人的制度は，かようにして構成せられるのである。遠い昔からわれわれに伝わっている貨幣の使用は，ガラス製造の技術が天文学および物理学における幾多の発見を助けたと同様に，商業組織の発達を大いに助けてきた。けれども商業組織は必ずしも貨幣金属の

使用に結びつけられているものではない。交換を容易ならしめまた交換価値を確定する傾きがある手段は，すべてこれにとってよきものである。しかしてこの組織がいっそう発達すれば，貨幣金属の演ずる役目は次第にその重要を減ずると考うべき理由がある。

3

富あるいは交換価値なる抽象的観念は一つの確定観念であり，したがって厳密な研究上の取り扱いに耐えうるものである。それは，今なお日常の用語において富という言葉が暗示するもろもろの付随観念——効用，希少性，あるいは人間の欲望および享楽に対する適性とは，十分に区別せねばならない。これらの観念はその性質上可変的，不確定的であり，したがって科学的理論の基礎となしえない。経済学者間の学派別，または実際家と理論家との間に起こる論争は，大部分日常の用語における富なる言葉の漠然たることから生じ，また交換価値という確定観念と効用の観念とを混同していることから生ずるものである。物の効用には確定的標準がないために各人勝手にこれを評価するのである。*

> \* ここにわれわれは物の効用の判断には真も偽もないというのではない。われわれはただ一般的に真も偽も共に証明することができないというのみである。すなわちこれらは評価の問題であり，したがって計算して解決しうるものでもなく，また論理的討議によって解決しうるものでもないのである。

ときには倉庫にある書物の売れ残りを有する出版者が，その部数の3分の2を犠牲にして破棄したことがある。この書物は有益でもありまた識者の渇望するものでもあるが，ただ見込み読者の数に比して最初の印刷部数が多すぎたために，かようにして全部数よりはむしろ残部数によってより大なる利益を得んとしたのである。\*\*

> \*\* 余ははなはだ尊敬すべきある数学者から次の話を聞いたことがある。いわく自分が壮年時代に最も悲しかったことの一つは，書肆デュポン (Dupont) が旧学士院記録の貴重なる収集に対してこの種の手段をとったと聞いたことであると。

## 第1章 交換価値あるいは富一般について

　もちろんある書物については20フランで3,000部売るよりも60フランで1,000部売るほうが容易であるかもしれない。オランダ商会が海峡植民地においてその独占していた貴重な香料の一部分を破棄したのも，この計算からであるといわれている。これは，一方において追求せられ他方においてその獲得は無償ならざるがゆえに，われわれが富という言葉を与える対象の完全なる破壊である。これは貪欲な利己的な行為であって，明らかに社会の利益に反する。しかもこの浅慮の行為，この現実の破壊が，言葉の商業的意味においては事実上富の創造たることもまた明らかである。書肆の財産目録は正しくその財産の増加を示すであろうし，またその書物の全部または一部が書肆の手を離れた後に，各個人が商的慣習にならってその財産目録を調製し，これら一切の部分的目録を集合して流通場裡にある富の一般的財産目録あるいは貸借対照表を作成するとすれば，この富の合計はおそらく増加を示すに相違ない。

　これに反して，ある珍しい書物がわずか50部より存在せず，その売価はこの希少のために1部300フランにまで引き上げられると想像しよう。ある出版者がこの書物を1,000部再刷して1部の価格を5フランとすれば，極端なる希少性の結果莫大な価値を有する他の部数も同価格にまで引き下げられるであろう。したがって，この1,050部が富の合計に算入しうる金額は，わずかに5,250フランであって，この合計は差し引き9,750フランの損失を示すこととなる。もし（それが当然であるが），再刷以前には現存していたところの，再刷の原料の価値を考えるときは，この損失はいっそう大きいものとなる。ここには産業の活動があり，物質の生産がある。それはこれを企てる出版者に有利であり，その消費する生産物および勤労を提供する人々にも有利であり，またその書物の内容が貴重なる限り社会にとってさえ有益である。しかもそれは，言葉の抽象的なるまた商業的なる意味においては，事実上富の破壊たらざるをえない。

　為替の騰落は，常にもろもろの価値あるいは流通上の抽象的富を変動せしめている。しかもこの場合，具体的意味において富なる言葉を適用すべき物質的

対象については事実上の生産も滅失も介在しないのである。

　本来の商業,すなわち原料あるいは精製品を一市場から他の市場へ輸送することは,あたかも鉱床から金属を採掘する鉱夫の労働,およびこれをわれわれの必要に適合せしめる職工の労働と同様に,運送物の価値を増加しもって価値または富を創造するものであるとは,久しくいわれているところであり,また正当である。われわれのこれに付加すべきことは,商業は,これを行なう商人に利益をもたらしまた一般の眼にはそれによって通商関係の結ばれる諸国の利益と映ずる場合においてすら,なおかつ価値破壊の原因たりうることこれである。これについては詳述する機会があるであろう〔後段第12章参照〕。

　流行,好尚あるいは偶然の事件が惹起する価値の創造ないし減失は,社会の利益または一般の幸福と考えられるものになんら著しき影響を及ぼさない場合がある。いな富の減失が健全であり,その増加が悲しむべき場合すら起こりうる。たとえば化学者が人造ダイヤモンドの問題を解決したりとすれば,幾多の宝石を所有する宝石商および貴婦人は重大な損失をこうむるであろう。したがって流通しうる富の総量は著しく減少する。しかも余はいやしくも常識ある人ならば,たとえこれによって生ずる個人的損失に同情しても,これを社会の災害と考えようとは思わないのである。またダイヤモンドを装飾とする嗜好が衰え富者がその財産の大部分をこの愚かなる虚栄に捧げることを止めるとすれば,この結果商業におけるダイヤモンドの価値が減少するとしても,賢明なる人々はおそらく流行のこの新たなる傾向を歓迎するであろう。

## 4

　住民大多数の状態を改善するがゆえにその国にとって有利と考えられることがらも,（効用を評価するためにとるべき基礎はこれ以外に求めえない）その最初の結果としては,流通価値量の減少を来たすことがある。かかる場合,われわれはこのことがらが遠き将来においては一般的富を増加すべき萌芽をかくしており,

## 第1章　交換価値あるいは富一般について

結局かくのごとくにして一国の利益となるものと想像する傾きがある。また経験の明示するところによれば，ほとんどすべての場合にそうである。けだし一般に，争うべからざる国民状態の改善は，流通における富の総量の同じく争うべからざる増加とその歩調を共にするからである。しかしながらわれわれはかかる複雑なる関係の一切の帰結を分析的に追及しえないために，理論はなにゆえに通常これが起こるかを説明しえない。それが常に必ず同様に起こるべきことを証明しえないのはもちろんである。われわれは正確なる推理の領域にあるものを当たるか当たらぬかの推察に混同し，また合理的なるものを経験的なるものに混同することを避けよう。前者において論理上の誤謬を警戒することがすでに一仕事である。ゆえにわれわれは後者において感情的なる主張，ないし不可解なる疑問に逢着することを避けよう。

## 5

単純なる語源の見地よりすれば，いやしくも社会の組織に関することはことごとく政治経済学の領域に属する。しかし習慣上は，この言葉をはるかに制限した意味に用い，しかもはなはだ正確でない。経済学者は，主として人類の物質的欲望を研究するものであるから，社会の制度を考えることは，それが労働・勤倹・商業および人口を増進しあるいは阻害する限りにおいて，またそれが自然の賜物および労働の結果を社会各員の間に分配する態様を変える限りにおいてするものである。しかもこの題目は，なお広きに失して一人のよく把握しうるところではない。それは，未熟なる組織，緩慢なる研究に対して無尽蔵の問題を提供するものである。われわれは，これら一切の問題に入り来たってしかもまったく計量を許さない道徳的影響をいかにして引き離しうるか，アルプス牧羊者のいわゆる物質的幸福とスペインの怠け者あるいはマンチェスターの労働者の物質的幸福，修道院の施金と救貧手当，農場の苦役と工場の労働，ノルマンの貴族がその領地における物質的快楽および消費とかれのはるかなる後

裔がロンドンの邸宅におけるまたヨーロッパ巡遊の旅における快楽と消費，いかにしてわれわれはこれらのものを比較しうるか。

　われわれがある国民と他の国民とを比較する場合，その繁栄の増進あるいは減退を決定する不変の徴候は果たしてなにに求むべきか。人口によらんか。しからば支那ははるかにヨーロッパを凌駕するであろう。鋳貨の豊富によるべきか。世人はペルー鉱山の主人公たりしスペインの例によってすでに久しき以前から実際——それは鋳貨の真の職分についてきわめて粗雑な概念すら発生せざる以前であった——この大いなる誤りから脱している。商業取引の活気によるとせんか。しからば，海岸に近きために商業的活動に誘われる人々に比して，内陸の人々ははなはだ不幸であろう。商品の価格，あるいは賃金の高さによるとせんか。しからば貧窮せる島国にして，最も幸福なるまた豊沃なる諸国を凌駕することもあるであろう。経済学者がいうところの年産物の金銭的価値によるとせんか。この価値の増加の著しき年がかえって最大多数の大凶年たることも決してまれではない。おのおの適当なる標準をもって計りたるこれらの生産物の数量そのものによるとせんか。しかも生産物の種類ならびに割合は国によって異なる，われわれはいかにしてこれが比較をなしえようか。人口あるいは生産物増減の速度によるとせんか。観察の期間が十分長きにわたるならば，これは確かに社会の幸福あるいは困窮に対する最も疑いなき徴候である。しかしながらこの徴候のわれわれに役だつところは，ついに，できあがった事実を認識する以上に出でえないであろう。そうしてこれらの事実たる，単に本来の意味における経済的原因のみならず，なお多数の精神的原因の同時的協働から成れるものである。

　われわれは決して，社会経済になんらかの光を投ぜんとする人々の博愛的努力を軽視せんと欲するものではない。生理的現象は天体の運行ほど正確に測定しえないからといって，医学を誹謗するのは狭量なる人々の常である。政治経済学は，社会組織の衛生学であり，また病理学である。それは経験をいなむし

## 第1章　交換価値あるいは富一般について

ろ観察をその指導者とするものであるが，しかもときとしては天才の叡知は経験の結果を予測しうるのである。われわれはただ経済学が，その抱懐する高遠の目的，すなわち人類の運命を改善するという目的に対しては，理論的に見てなお近づきえないことを明らかにせんと欲するのみである。けだし一方においてそれが考察する諸関係は，確定的定義に代えることをえざるものであり，他方これらの諸関係は複雑にすぎてわれわれの総合分析の能力を超えるがゆえである。

## 6

これに反してわれわれの考える富の抽象的観念は一つの完全なる確定関係を構成し，あらゆる正確なる概念と同様に理論的演繹の対象たりうる。いまもしこれらの演繹を集合して一つの体系とするに足るほどにその数が多くまたその重要ありと考えられるならば，富の理論と密接に関係する経済学の他の部門〔主として経済政策をさす——訳者〕に対して適当なる応用を試みることとは別に，これのみの独立の体系を指示することが利益であると思われる。抽象的証明の可能なるものと，ただ疑わしき評価のみが許されるものとは，これを区別するほうが有益である。

われわれの理解せんと努める富の理論は，その基礎たる富あるいは交換価値なる抽象観念が，われわれの社会状態において富を構成する事実上の対象とあまりにかけ離れる場合には，明らかに一つの無用なる空想となるであろう。それはあたかも流体力学において普通に見られる流体の性質が完全流動の仮説を去ることははなはだしきに失する場合と同様である。しかしすでに述べたごとく，文明進歩の影響は，事実上の可変的なる諸関係を，絶えずわれわれが抽象的考察によって到達する完全関係に近づける傾向がある。これら事物の一切はますます評価しやすくまたしたがって計量しやすくなる。すなわち市場を見いだすための努力は凝って仲買いの手数料となり，時間の延滞は割引料となり，損失

の可能性は保険料となるがごときこれである。協同心の進歩およびこれに関する制度の発達，または政体に起これる変革，これらはすべて以上の運動を助けるものである。われわれはこれに対して弁護しようともまた非難しようとも欲しない。ただ社会事象に対する理論適用の基礎はここに存するのである。

# 第2章
# 価値の絶対的および相対的変動について

## 7

われわれが,ある科学のよって立つ根本的概念に立ち返って,これを正確に公式化せんとする場合には,ほとんど常にもろもろの困難に逢着する。その困難たる,ときとしてはこれら概念の性質そのものから生ずるものであるが,多くは言語の不完全より来るものである。たとえば,経済学者の著述においても価値の定義および絶対的価値と相対的価値の区別ははなはだ曖昧である。はなはだ簡単なるしかも驚くべき正確なる比較がこの点に光を投ずるに役だつであろう。

一つの物体が動くというのは,その物体が確定的と認められている他の諸物体に対してその位置を変ずることである。われわれが具体的諸点の一系列を異なる2時点に観察して,これらの諸点が両時点を通じて等しからざることを認める場合には,われわれは必ず,これらの点の,たとえ全部ならずとも少なくとも若干が動いたと結論する。しかしわれわれが進んでこれを,われわれが確定的なりと信ずる他の諸点に対照しえない場合には,その系列における各点の運動ないし静止についてはさしあたりなんの結論をも引き出しえない。

しかしながら,もしその系列のすべての点がただ一点を除いてその相対的位

置を保持したりとすれば，この一点のみが動いたのであると考えることはきわめて自然である。もっとも他のすべての点の結合が，一点の運動すなわち総点の運動となるがごとき関係にある場合は別である。

　われわれがいま上に示したものは，一つの極端なる場合である。すなわち一点を除いて他のすべてはその相対的位置を維持する場合であった。しかしながら，一系列の状態の変化を説明するために考えうべき一切の方法の中には，他の方法よりもはるかに簡単であってわれわれが躊躇することなく最もそれらしいと考える方法のあることは，詳細に説明せずとも容易に看取しうるところであろう。

　もし観察を二つの確定時点に限ることなく，その系列の各継起状態を通じて行なうときは，われわれはその系列の異なる諸点に関する絶対的運動の仮説に到達すべく，この仮説はその相対的運動の説明よりもよいものと考えられるに相違ない。天体の相対的大いさないし引力法則の知識は別として，コペルニクス（Copernicus）の仮説が，トレミー（Ptolemy）あるいはティコ（Tycho）のそれよりも，はるかに簡単にはるかに遊星系の外見的運動を説明する理由はここにある。

　われわれは，前節において，運動を単に幾何学的関係，位置の変化としてのみ観察し，原因，動力の観念，あるいは物体の運動を支配する法則の知識については，少しも論及しなかった。この新見地よりすれば，また他の確率判断が起こってくる。たとえば，もしA物体の質量がB物体のそれよりもはるかに大なりとすれば，われわれはAおよびB物体の相対的位置の変化は，おそらくAよりもむしろBの変動に基づくものと判断するのである。

　最後にまたある事情によって，相対的なるあるいは外見的なる運動が，ある物体の変動によって生じ，他の物体のそれによらざることを確かめうる場合もある。\*　たとえばある動物の外見は，最も紛れもなき徴候によって，それが静止しているか活動しているかを，われわれに示すであろう。また前例にもどっ

第2章 価値の絶対的および相対的変動について

ても同様に,振り子の実験は力学の既知の諸法則と結合せられて,地球の自転を証明すべく,光の偏差なる現象はその公転を証明すべく,かくてコペルニクスの仮説は確立せられたる真理の一つとなるのである。

* Newton, Principes, Liv. I 定義序説の終わりを見よ。

## 8

さてわれわれは,いかにして交換価値の観念から,以上の考察とまったく同様なる若干の考察が生ずるかを見よう。

ある点の位置は,ただ他の諸点に関してのみ定めうるがごとく,ある商品 (denrées)*の価値はただ他の諸商品に関してのみ定めえられる。この意味において存在するものはただ相対的価値のみである。またこれらの相対的価値が変動するときは,変動の原因は,その関係の一項あるいは他項の変動,ないしは両項同時の変動にあることは明らかである。これあたかも2点間の距離が変化するときは,その変化の原因が一または他点ないしはこれら2点の運動にあると同様である。またその間に一定の音程の差を有したる二つの絃が,一定時間の後にこの間隔を与えなくなったとすれば,問題は一方の調子が上がったか他方が下がったか,あるいはこれら2現象が同時に起こって音の間隔を変化せしめたか,そのいずれかである。

* これはほとんどいう必要のないことであるが,われわれは簡単を欲するために,商品なる言葉を最も一般的なる意味に用いる。すなわちそれは他の勤労または本来の商品と交換しえられ,また本来の商品と同様に,一定の価格あるいは交換価値を有しうる有価勤労の提供をも含むものである。この注意は,文脈から容易に看取しうるゆえに,以後これを繰り返さない。

かくてわれわれは,相対的価値の変動によって示される価値の相対的変動と,商業関係にある商品の一方または他方の価値における絶対的変動とは,直ちに区別することができる。

あたかも一系列の諸点において観察される相対的運動の原因としては,無数

の絶対的運動の仮説をつくりうると同様に，一系列の商品の価値において観察される相対的変動の原因についてもまた，無数の絶対的変動の仮説を設けうる。

しかし一商品を除いて，他のすべての商品が同一の相対的価値を保持せる場合には，われわれはこの単一の商品に絶対的変動を帰する仮説をもって最も妥当なるものと考えるであろう。ただし他のすべての商品の関係から，一価値の変動は必ずこれに依頼する諸商品の価値の比例的変動を伴うことが明白なる場合は別である。

たとえば，ある観察者が幾世紀にもわたる価値の統計表を吟味して，貨幣の価値は16世紀の終わりにおいて約4分の3に下落し，しかも他の商品はほとんど同一の相対的価値を維持することを見るならば，その人は，たとえアメリカにおける銀鉱の発見を知らずとしても，貨幣の価値に絶対的変動の起これることを最も確からしいと考えるに相違ない。他方，もしかれが，ある年から次の年にかけて他の大多数の商品価格あるいはその相対的価値になんらの著しき変動なきにかかわらず，小麦の価格のみが倍加せることを認めるとすれば，かれはたとえこの高価にさきだって穀物の凶作があったことを知らずしても，おそらくこれを小麦の価値の絶対的変動に帰するであろう。

相対的価値系列の動揺がある一商品の運動によって説明せられるこの極端なる場合は別としても，絶対的変動に関する諸仮説中には，それらの相対的変動を他のものよりもいっそう簡単にいっそう確実に説明する仮説のあることは明白である。

もしわれわれが観察を2確定期間における相対的価値系列の比較にとどめず，その中間的諸状態を通じて追及するときは，これより新たなる事実が提供せらるべく，われわれはこの資料によって観察されたる相対的価値変動の法則を満足しうるべきあらゆるものの中から，最も確かに見える絶対的変動の法則を決定しうるであろう。

## 第2章 価値の絶対的および相対的変動について

**9**

いま　　　　　　　$p_1, p_2, p_3,$ etc.

をもって銀1グラムを標準としたる諸商品の価格とする。もし，価値の標準が銀1グラムでなく小麦1ミリグラムに置き換えられるとすれば，同一商品の価値は，次の表現によって示される。

$$\frac{1}{a}p_1, \frac{1}{a}p_2, \frac{1}{a}p_3,\ \text{etc.}$$

$a$ は小麦1ミリグラムの価格，あるいは銀1グラムを標準とせるその価値である。一般に，価値の基準を変更せんと欲する場合には，各個の価値量に1より大なるまたは小なる常数を乗ずれば足りる。あたかも一直線上にありとせられる諸点の系列について，その中の一点から他の諸点への距離を知れば，これに正または負の常数を加えることによって，新起点たるその系列の一点への諸点の距離を決定しうると同様である。

このことから，諸商品の系列における相対的価値の変動を，一つの数学的例示によって表現するはなはだ簡単なる方法が生ずる。これには，まず比較すべき商品の数と同数なる諸点が一直線上にある一系列を想定し，これら諸点の一より他に対する一切の距離が，これらすべての商品の任意の一商品に対する価値の対数に比例するものとすればよい。かかる可動的諸点の系列の相対的あるいは絶対的変動に基づいて加減によって生ずる一切の距離の変動は，完全に，比較される価値の系列における乗除による変動に対応するであろう。したがって点の系列の絶対的運動に関する最も確からしき仮説は，対数より数に立ち返ることによって，価値系列の絶対的変動に対する最も確からしき仮説の決定に適用せられることとなる。

しかし一般に，かかる確率の計算は，われわれがまったく価値変動の原因を知らずして行なうものとすれば，ほとんど興味がない。真に重要なことは，価

値の変動を支配する諸法則，換言すれば富の理論を知ることである。観察範囲に入り来たる相対的変動がいかなる絶対的変動に基づくかをよく証明しうるものは，ひとりこの理論あるのみである。これあたかも（科学のうち最も正確なるものと，もっともその揺籃に近きものとを，比較することが許されるとすれば）ガリレオ（Galileo）によって始められ，ニュートン（Newton）によって完成せられたる運動の法則の理論のみが，よく太陽系の相対的外見的運動のいかなる真実のまた絶対的の運動に基づくかを，立証しうると同様である。

## 10

要するにあるものはただ相対的価値のみ。他の価値を求めることは，必然的に2項の比率なる観念を含むところの交換価値なる観念それ自らとの矛盾に陥るものである。けれどもまたこの比率に起こる変動は，一つの相対的結果であって，それはこの比率における各項の絶対的変化によって説明しうべく，また説明せられねばならない。絶対的価値なるものはない。しかし価値における絶対的騰落の運動はあるのである。

観察されたる相対的変動をもたらす絶対的変動について考えうべきもろもろの仮説中には，確率の一般法則が最も確からしいと認めるものがある。しかも確率上の意見に代えて確実なる決定を与えうるものは，ただ問題となれる事物の特殊の法則の知識のみである。

## 11

もし理論上ある商品は，その価値に絶対的変動を生じえないことが示されるならば，われわれは他のすべての商品をこれに対照することによって，それらの相対的変動から直ちにその絶対的変動を導きうるであろう。ある種の商品は他のものに比してはるかにかかる確定項として存在しうべき必要条件に接近している。けれども少しく注意すればかかる確定項の存在せざることは明白であ

## 第2章 価値の絶対的および相対的変動について

ろう。

　貨幣金属は，通常の状態においてまた考察期間の長きに失せざる限り，その価値における絶対的変動が最も少なき商品の一つである。もししからずとすれば，ちょうど紙幣が突然の減価をこうむる場合のごとく一切の取引は攪乱せられるであろう。＊

　　＊　売買契約の特質をなし，またこれを根本的に交換契約と区別するものは，少なくとも通常の商取引に要する時間だけは貨幣金属の絶対的価値が変動しないことである。貨幣表象の絶対的価値が目に見えて可変的なる国においては，適切にいえば売買契約は存在しない。この区別は，法律問題についても影響せざるをえないものである。

　これに反して，食料の基礎たる小麦のごとき商品は，激しい騰落にさらされるが，十分長期にわたって考察すれば，これらの騰落は互いに相殺されて，その平均価値はおそらく貨幣金属よりもはるかに近く確定状態に接近する。しかしこれは，かようにして定められた平均価値がさらに長期にわたって絶対的変動をこうむることを妨げるものではなく，また事実上妨げていない。ここでは天文学におけるごとく，周期的変動（variations périodiques）とは別個の趨勢的変動（variations séculaires）を認めねばならない。

　最低級の労働は，機械的動作の一種としてのみ考えられ，またしばしば価値の基準として提議せられた要素であるが，その労働の賃金すら小麦と同じく周期的ならびに趨勢的の絶対的変動をこうむる。またたとえこの要素の周期的動揺が従来小麦のそれよりも広くなかったとしても，われわれは他方将来における社会状態の進歩的変革の結果はますます速かなるその趨勢的変動をもたらすべきことを予想しうるのである。

　そこで完全なる確定性に必要なる条件を具備する商品がないとするならば，われわれはもちろん抽象的存在のみを有するその一つを想像することができる。また想像せねばならない。＊　それは理論の理解を容易にするための補助的比較手段として現われるにとどまり，最終の応用においては消え去るべきものであ

る。

\* Montesquieu, Esprit des lois, Liv. XXII, Chap. 8.

天文学者はこれと同様に，均整の運動を有する平均太陽を想像して，まず真実の太陽ならびに他の天体をこの想像的遊星に関係せしめ，次いで最後に真実の太陽に対するこれらの遊星の事実上の位置を決定するのである。

12

われわれの場合においても，おそらくまず貨幣金属の価値に絶対的変動をもたらす諸原因を研究し，これが考慮された後に，他の商品価値に起こる変動をこの修正せられたる貨幣価値に還元することを適当とするであろう。この修正貨幣たる，天文学者の平均太陽に相応ずるものである。

ところが一方において流通手段として用いられる貨幣金属の価値における変動原因のこの分析は，富の理論の最も困難なる一点たるのみならず，他方われわれが互いにはなはだしく相離れる二つの時期を比較する場合あるいは突然の変革の場合を除いては，すでに述べたごとく貨幣金属の価値には著しき変動なきものと認めてよい。これらの変革は，新冶金術の発見あるいは新鉱区の発見によって生ずるものであるが，今はほとんど可能性がないのである。一般の見解によれば確かに貨幣の価値は急激に減じつつあり，またその速度は30年の間に貨幣価値の下落が著しく目だつほどであるといわれている。しかし本章においてその方法を示したごとく，この現象の原因にさかのぼれば，明らかにこの相対的変化は，主として人類の直接の必要ないし享楽に応ずべき大多数の商品の価格における絶対的騰貴運動に基づくものであり，また人口の増加および産業ならびに労働の進歩的発達による上昇運動に基づくものである。この所説に対する十分なる説明は，大多数の近代経済学者の著述に見いだしうるであろう。

最後にわれわれの直接目的とするところは数字的応用ではない。ゆえに，貨

## 第2章 価値の絶対的および相対的変動について

幣金属の価値に影響する絶対的変動については，以後これを無視するほうが適当であると考える。理論が十分に発達し，材料が十分正確となれば，仮定的にして不変的なる測定単位を標準とする商品の価値を，その貨幣価値に引き直すことは容易であるに相違ない。いまこの仮定単位によるある商品の価値が $p$，このときの貨幣金属の価値が $\pi$ であったとする。他のときにこれらの量が $p'$ および $\pi'$ なる値をとるとすれば，その商品の貨幣価値は明らかに

$$\frac{p}{\pi} \text{から} \frac{p'}{\pi'} \text{へ}$$

の比率によって変化したものである。

いま貨幣金属の絶対的価値は，長期にわたって徐々たる変動をこうむるにとどまり，その変動も商業界を通じてほとんど認めえない程度であるとするならば，これらの金属そのものの相対的価値は，一商業中心から他へかけて僅少の変動をこうむるにすぎない。この変動はいわゆる為替相場を構成するものであり，その数学的公式は次章に示すとおりはなはだ簡単なものである。

# 第3章
# 為替について

**13**

　すべての文明国民が度量衡統一の利益を享ける時代は必ず来るに相違ない。後代が感謝すべきフランス革命の一功績は，それがこの大なる社会改良の問題に対して初めて手を下したことであり，この例は国民的ないし政治的僻見にもかかわらず模倣者を欠いていないのである。

　従来しばしば政府の専横や不信用によって顛覆された貨幣制度を問題とする場合には，度量衡の統一および安定がいっそう大なる重要をもってくる。のみならず，貨幣制度のごとき本来きわめて簡単なものが，これほど長い間ほとんどすべての国民について見られた無秩序へ立ち返ることは，ヨーロッパ諸国の社会状態が許さないところである。この熟知せられたる問題に関して言葉を重ねることは無用であろう。

　そこでわれわれはすべての商業国民が同一の貨幣単位，たとえば純銀1グラムを採用するか，あるいはこれと同じことになるのであるが，各貨幣単位の純銀1グラムに対する比率が永久に確立せられたと仮定する。これらの比率の知識は，実業に従事する人々の間に為替の知識として知られるものの大部分を構成する。この知識はいたる所に見られる一つの表に集約せられうるものである

## 第3章 為替について

が，それは必ずしもわれわれの注意を奪うべきものではない。換言すればわれわれの関わる所は，ただ事実上の為替であって名目上の為替ではない，すなわち同量の純銀が支払い場所によって異にする交換価値の比率これである。また明らかに為替の費用あるいは為替相場と単位価との相違は，二つの場所の間に貴金属の自由貿易の許されている場合には，この単位量の純銀を一から他へ運送する費用を超過しえず，またこの貿易が禁止的法律によって妨げられる場合には，運送費用に密輸出入の出費を加えたものを超過しえない。為替の方程式を見いだすために，われわれはまず為替費用は運送費を超えざること，あるいは為替関係は貨幣を現送することなく，2商業中心間の貴金属の分配を変更することなくして起こるものと想像する。

### 14

まず最初に為替市場を二つに限り，$m_{1,2}$ は市場(1)が毎年市場(2)に対して負う金額の合計，$m_{2,1}$ は市場(2)が年々市場(1)に対して負う金額の合計を示すものとしました，$c_{1,2}$ は市場(1)において市場(2)に対する為替相場，あるいは1をもって表わされかつ市場(1)において支払われうべき銀の重量に対して市場(2)において与えられる銀の量を示すものとする。

これらの符号を採用し，かつ2市場はそのいずれからも貨幣を運送することなしにその貸借を決済するという仮定から出発すれば，明らかに

$$m_{1,2}c_{1,2}=m_{2,1} \quad \text{または} \quad c_{1,2}=\frac{m_{2,1}}{m_{1,2}}$$

が得られる。一般には

$$c_{2,1}=\frac{1}{c_{1,2}}$$

であり，この特殊の場合には

$$c_{2,1}=\frac{m_{1,2}}{m_{2,1}}$$

である。ゆえに比率 $\frac{m_{2,1}}{m_{1,2}}$ と 1 との差額が，一市場より他に対する貨幣単位の運送費用よりも小なる場合には，2 市場間の貸借は貨幣を現送することなく，ただ為替相場の作用のみによって決済せられるであろう。

次にわれわれは相交通する任意数の市場を想像し，$m_{i,k}$ は一般に市場 $(i)$ が年々市場 $(k)$ に対して負う金額の合計を表わし，$c_{i,k}$ は $(i)$ より $(k)$ に対する為替相場の係数を表わすものとする。$(r)$ 数の市場に対するこれらの係数の数は $r(r-1)$ であるが，一般に $c_{i,k} = \frac{1}{c_{k,i}}$ であるから，決定すべき係数の数はまず $\frac{r(r-1)}{2}$ に減少せられる。

またこれらすべての係数は互いに独立せるものではない。けだしもしたとえば

$$c_{i,k} > c_{i,l} \times c_{l,k}$$

とすれば，$(k)$ より $(i)$ に貨幣を送る必要のある人は，$(k)$ より $(i)$ への為替手形を手に入れるよりは，まず $(k)$ より $(l)$ への手形を得てこれを $(l)$ より $(i)$ への手形に交換することを，利益とすべきがゆえである。同様の理由によって

$$c_{i,k} < c_{i,l} \times c_{l,k}$$

は成り立ちえない。けだしこれは

$$c_{i,l} > \frac{c_{i,k}}{c_{l,k}}$$

または $\quad c_{i,l} > c_{i,k} \times c_{k,l}$

に等しく，それが $i, k, l$ の文字に関せず成立しえないことは，以上に証明したところだからである。

かくて一般に

$$c_{i,k} = c_{i,l} \times c_{l,k} \tag{a}$$

を得る。あるいは少なくともかりに一時この関係が満足せられないとしても，銀行の取引は常にこれを回復する傾きがある。しかもわれわれの分析は，商業

第3章 為替について

上の変化によって常に変動せる為替相場がおちつこうとするかかる均衡の状態のみを考察するのである。

($a$) なる関係は幾何学的に表わしうる。それは，($i$),($k$),($l$) 等の諸点より成る一系列を想像し，おのおのの2点たとえば($i$)($k$)間の距離が $c_{i,k}$ の対数によって測られるように，諸点を配列すればいい。この考案によれば，($a$) なる関係は，$i, k, l$ その他一般に為替市場の数に等しきその系列の一切の点が，同一の直線上にあるべきことを表わす。

このことから，全市場相互の為替相場を導き出すためには，一市場より他のすべてに対する為替の係数を知れば足りることとなる。この考察の結果残る未知係数の数は，市場の数を $r$ としてわずかに $r-1$ である。

## 15

さて相交通する市場と同数の方程式を見いだすことは容易である。この場合常に，一市場より他に対する貨幣の現送は行なわれず，またしたがって一市場がこの市場において他のすべての市場に負うところは，正確に他のすべてがこの一市場に負うところと等価値なりという前提から出発することはいうまでもない。

以上の考察から次の方程式が得られる。

$$\begin{cases} m_{1,2}+m_{1,3}+\cdots+m_{1,r}=m_{2,1}c_{2,1}+m_{3,1}c_{3,1}+\cdots+m_{r,1}c_{r,1} \\ m_{2,1}+m_{2,3}+\cdots+m_{2,r}=m_{1,2}c_{1,2}+m_{3,2}c_{3,2}+\cdots+m_{r,2}c_{r,2} \\ m_{3,1}+m_{3,2}+\cdots+m_{3,r}=m_{1,3}c_{1,3}+m_{2,3}c_{2,3}+\cdots+m_{r,3}c_{r,3} \quad (b)\\ \cdots\cdots\cdots\cdots\cdots\cdots\cdots\cdots\cdots\cdots\cdots\cdots\cdots\cdots\cdots\cdots \\ m_{r,1}+m_{r,2}+m_{r,r-1}=m_{1,r}c_{1,r}+m_{2,r}c_{2,r}+\cdots+m_{r-1,r}c_{r-1,r} \end{cases}$$

これらの方程式の数は $r$ である。しかるにすでに述べたところによって未知係数はすべて $c_{1,2}, c_{1,3}, \cdots\cdots, c_{1,r}$ なる係数の関数として表わしうべくその数は $r-1$ にすぎない。ゆえに以上の方程式のうち一つは他のものに含まれていな

ければならない。実際,

$$\begin{cases} c_{1,2}=\dfrac{1}{c_{2,1}}, \ c_{1,3}=\dfrac{1}{c_{3,1}}, \ \cdots\cdots, \ c_{1,r}=\dfrac{1}{c_{r,1}} \\ c_{3,2}=c_{3,1}\times c_{1,2}=\dfrac{c_{3,1}}{c_{2,1}}, \\ \cdots\cdots\cdots\cdots\cdots\cdots\cdots\cdots \\ c_{r-1,r}=\dfrac{c_{r-1,1}}{c_{r,1}} \end{cases} \quad (c)$$

と置けば方程式$(b)$は

$$\begin{cases} m_{1,2}+m_{1,3}+\cdots+m_{1,r}=m_{2,1}c_{2,1}+m_{3,1}c_{3,1}+\cdots+m_{r,1}c_{r,1} \\ (m_{2,1}+m_{2,3}+\cdots+m_{2,r})c_{2,1}=m_{1,2}+m_{3,2}c_{3,1}+\cdots+m_{r,2}c_{r,1} \\ (m_{3,1}+m_{3,2}+\cdots+m_{3,r})c_{3,1}=m_{1,3}+m_{2,3}c_{2,1}+\cdots+m_{r,3}c_{r,1} \\ \cdots\cdots\cdots\cdots\cdots\cdots\cdots\cdots\cdots\cdots\cdots\cdots\cdots\cdots\cdots \\ (m_{r,1}+m_{r,2}+\cdots+m_{r,r-1})c_{r,1}=m_{1,3}+m_{2,r}c_{2,1}+\cdots+m_{r-1,r}c_{r-1,1} \end{cases} \quad (d)$$

となり,第一の方程式を除いて他の全部を加え,これより等項を消去すれば,再び第一の方程式が得られるのである。かくて相異なる方程式の数はちょうど独立変数の数に等しいだけであることとなる。

市場が3個より考えられない場合には方程式$(d)$は

$$m_{1,2}+m_{1,3}=m_{2,1}c_{2,1}+m_{3,1}c_{3,1}$$
$$(m_{2,1}+m_{2,3})c_{2,1}=m_{1,2}+m_{3,2}c_{3,1}$$
$$(m_{3,1}+m_{3,2})c_{3,1}=m_{1,3}+m_{2,3}c_{2,1}$$

となり,これより

$$c_{2,1}=\frac{m_{3,1}m_{1,2}+m_{1,2}m_{3,2}+m_{1,3}m_{3,2}}{m_{2,1}m_{3,1}+m_{2,1}m_{3,2}+m_{3,1}m_{2,3}}$$

$$c_{3,1}=\frac{m_{2,1}m_{1,3}+m_{1,2}m_{2,3}+m_{1,3}m_{2,3}}{m_{2,1}m_{3,1}+m_{2,1}m_{3,2}+m_{3,1}m_{2,3}}$$

が得られる。またしたがって

第3章 為替について

$$c_{3,2} = \frac{m_{2,1}m_{1,3} + m_{1,2}m_{2,3} + m_{1,3}m_{2,3}}{m_{3,1}m_{1,2} + m_{1,2}m_{3,2} + m_{1,3}m_{3,2}}$$

である(数学注1)。

この特殊の場合における $c_{2,1}$, $c_{3,1}$ および $c_{3,2}$ なる価値の構成は明らかに $m_{1,2}$ 対 $m_{2,1}$ の比率にかなりの変動があっても，$c_{2,1}$ の値には大なる変動を及ぼさないことを示す。換言すれば，それは為替市場の交錯関係が，いかにある場所より他に対する為替相場の変動を減少するものであるかを明示するものである。

## 16

前段の分析は，$c_{2,1}$ のごとき各係数の値が一定の制限 $r_{2,1}$ 以下に降らざることを前提とする。この制限は，市場(2)より(1)に対する貨幣単位の現送費用に依頼するものであり，貴金属の輸出に法律上の干渉が存する場合には，密輸出入の手数料をも含むものである。かくて $p_{2,1}$ がこの運送費用を示すものとすれば，$c_{1,2}$ の最高限は

$$1 + p_{2,1}$$

であり，また $c_{2,1}$ の最低限としては

$$r_{2,1} = \frac{1}{1 + p_{2,1}}$$

が得られる。

もしこれに反して方程式(c)および(d)が

$$c_{2,1} < r_{2,1}$$

を与えるとすれば 市場(2)より市場(1)に対する貨幣の現送を除外する仮説は許しがたく，したがってまた(d)方程式の最初の2式

$$m_{1,2} + m_{1,3} + \cdots\cdots + m_{1,r} = m_{2,1}c_{2,1} + m_{3,1}c_{3,1} + \cdots\cdots + m_{r,1}c_{r,1}$$

$$(m_{2,1} + m_{2,3} + \cdots\cdots + m_{2,r})c_{2,1} = m_{1,2} + m_{3,2}c_{3,1} + \cdots\cdots + m_{r,2}c_{r,1}$$

は，市場(1)および(2)が，互いに貨幣を輸出入することなしに，為替の相殺によ

ってその貸借を決済することを示すものであるから，もはや維持しえない結果となる。$(d)$の他の方程式についても，未知数 $c_{2,1}$ は常数 $\gamma_{2,1}$ に置き換えられねばならない。かくてこれらの方程式の数は $r-2$ であるから，それはちょうど残存の $c_{3,1}, c_{4,1}, \ldots, c_{r,1}$ 等 $r-2$ の未知数を決定するに足るわけである。

現在の仮定の下においては維持しがたき $(b)$ 方程式の最初の2式に帰るに，市場(1)における純輸入額は，運送費用を控除すれば，

$$I = m_{2,1}\gamma_{2,1} + m_{3,1}c_{3,1} + \cdots + m_{r,1}c_{r,1} - (m_{1,2} + m_{1,3} + \cdots + m_{1,r})$$

となるべく（数学注2），市場(2)よりの輸出額は，運送費用を加えて，

$$E = m_{2,1} + m_{2,3} + \cdots + m_{2,r} - (m_{1,2}\gamma_{1,2} + m_{3,2}c_{3,2} + \cdots + m_{r,2}c_{r,2})$$

によって表わさるべきは明らかである。

さらにわれわれは

$$E\gamma_{2,1} = I \qquad (e)$$

なる関係を得る。けだし $E$ と $I$ との差額は，ただ(2)より(1)への運送費用のみから生ずるがゆえである。したがってこの関係式は，$(d)$ 方程式において $c_{2,1}$ にその現実の値 $\gamma_{2,1}$ を代入したる後 $c_{3,1}, \ldots, c_{r,1}$ の値をもって表わされる一つの恒等式に帰着せねばならぬ。したがってこの場合もはや維持しえざる最初の2式を除いて $(d)$ 方程式を加え，互いに相殺する諸項を消去するときは，$(e)$ 方程式とまったく同一の関係式が得られるであろう。

## 17

ある場所から他に対する資金現送の結果，係数 $c$ が極限 $\gamma$ に達したる場合においても，なお

$$c_{i,k} = c_{i,l} \times c_{l,k} \qquad (a)$$

の関係が成立しうることは注意すべきである。この方程式に対する前述の証明は，現在の場合にもまた適用しうる。たとえば

$$\gamma_{i,k} > \gamma_{i,l} \times c_{l,k}$$

## 第3章 為替について

なりとすれば，($k$)より($i$)に資金を送らんとする人々は，この現送費用を支払うに代えてまず($k$)より($l$)あての為替手形を作り，この手形を割引して，現金を($l$)から($i$)に送らしめるに相違ない。これに反してもし

$$\gamma_{i,k} < \gamma_{i,l} \times c_{l,k}$$

ならば，その結果は

$$\gamma_{i,l} > \gamma_{i,k} \times c_{k,l}$$

となるべく，($l$)より($i$)へ送る資金を有する人々は，($l$)において($k$)あての手形を作りその割引金額を($i$)に送るであろう。したがってたとえ

$$\gamma_{i,k} = \gamma_{i,l} \times c_{l,k}$$

なる比率が一時攪乱せられると想像しても，銀行の取引は常にこれを回復する傾きがある。

このことから一つの奇妙なるしかも少なくとも理論上でははなはだ厳密なる結果が生ずる。それは3個の銀行中心($i$)，($k$)および($l$)が考察せられる場合には，その中には現金の直送の行なわれない中心が少なくとも二つはあるということである。すなわちこれらの中心間における交換は，単なる価値の移転によって行なわれて貨幣の現送の行なわれることなく，また為替相場がその極限に達することはない。実際この極限は，相場がこれらの市場の一より他に対する現送費によって定められるときに到達せられるものであるが，もし($i$)より($k$)，($i$)より($l$)，また($k$)より($l$)に対して資金の現送が行なわれるとすれば，($i$)より($k$)への現送費を決定する原因は，($i$)($l$)間の費用を決定する原因と関係なく，またこれらは共になんらの意味においても($k$)($l$)間の費用を決定する原因に依頼しないがゆえに，係数 $\gamma_{i,k}$, $\gamma_{i,l}$ および $\gamma_{l,k}$ が正確に方程式

$$\gamma_{i,k} = \gamma_{i,l} \times \gamma_{l,k}$$

を満足することはまったくありえざることである，いな事実上において不可能である。

この原理が実際においては厳密に適用せられるものでないことは容易に看取しうる。けだし為替相場は，数学的正確さをもって定められるものではなく，また現送費が為替調達の費用をはなはだしく超過しない場合には，特殊の理由に基づいて貨幣の運送が行なわれることもあるからである。富の理論において起こるすべての問題と同様に，この問題においても，理論的に引き出された原理は，多数の応用を一般的に支配する，けれどもそれは各個の場合にそのままに適用せられてはならないのである。

18

　以上3個の為替市場について述べたところは，同じく任意数の市場にもあてはまる。この数を $r$ で表わすとすれば，為替相場の数は $r(r-1)$ となるが，方程式 $(c)$ によってこれらの係数のうち $r-1$ を知れば，他のすべてを決定するに十分である。そこでたとえば $c_{i,k}$ のごとき $r-1$ の係数が市場 $(i)(k)$ 間に資金の現送が行なわれる結果，$r_{i,k}$ のごときその極限値に達するものと想像すれば，その逆係数，たとえば $c_{k,i}$ のごときもまた極限値に達する。しかしなおたとえば $c_{k,l}$ のごとき $r(r-1)-2(r-1)=(r-1)\times(r-2)$ の係数は，その極限値に達していないから，$(k)(l)$ 市場間の債務の相殺は銀行取引によって行なわるべく貨幣の現送は起こらない。

　換言すれば現在の仮定の下においては，この体系の部分を組成する一切の市場は貨幣を輸出入する。けれどもそれは市場の各一対間に貨幣の輸出入があるというのではないのである。市場間の組み合わせの総数 $\dfrac{r(r-1)}{2}$ のうち $(r-1)$ は現金の実際移動に当たるものであり，$\dfrac{(r-1)(r-2)}{2}$ は単なる為替取引に当たるものである。

　さらにこれは必然的にそうならねばならない。もしそうでないとすれば，相互にその貸借を決済するために一つの場所から他の場所に年々流出する金額が不定となるべく，これは事実と矛盾するからである。しかして実際資金の現送

が二つの場所の間に限られる場合，その輸出入額を決定するために，われわれが上に用いたる推理を任意数の場所に拡張するときは，各輸出入総額を決定するための方程式は $r$ を超えざることを認めるであろう。しかも それ は方程式 $(b)$ あるいは $(d)$ より容易に引き出されるものであって，さらに $r-1$ の独立方程式に減じうるものである。ゆえに決定すべき未知数の数もまた $r-1$ となるべく，したがって市場間において現金の現実の移動に応ずる組み合わせは $r-1$ のみとなるのである。

しかし特殊の場合として正確に

$$\gamma_{i,k} = \gamma_{i,l} \times \gamma_{l,k}$$

が認めうるとすれば，この方程式は $(k)$ より $(i)$ へのある貨幣額の直接運送費用が，正確に，まず $(k)$ より $(l)$ へ，次に $(l)$ より $(i)$ へこれを運送する費用と等しきことを意味する。ゆえに与えられたる条件をもってしては，これらの一カ所より他に対して運送せられる金額がいくばくなるかを，完全に決定する方法はなく，またこの場合には，方程式以上に未知数があることとなるであろう。これによって，この分析の一切の結果は，密接に相関連していることも明白である。

## 19

すべての商業国民は金と銀とを同時に貨幣金属として採用している。* したがって異なる市場間の為替相場と金銀の比価との間に一定の関係が生じてくる。前のごとく $c_{i,k}$ をもって市場 $(i)$ より市場 $(k)$ に対する為替相場の係数，あるいは $(i)$ において支払いうべき 1 なる銀の重量と交換に $(k)$ において与えられる銀の量であるとする。また $\rho_i$ をもって $(i)$ における金の価格の銀の価格に対する比率，あるいは $(i)$ において 1 グラムの金に対して与えられる銀のグラム数を示すものとし，また $\rho_k$ をもって $(k)$ における金銀の比価を示すものとする。最後に金額 $h$ が金貨をもって $(i)$ より $(k)$ へ運送せられるときは，実

際の運送費用を控除したる後,——および禁止法が($i$)より($k$)への金の輸出を妨げる場合には密輸出入費をも控除したる後——,この金額は $\varepsilon_{i,k}h$ に減少せられるものと想像する。

* ロシアの政府はかつて若干の白金貨幣を鋳造したことがある。けれどもバッベージ（Babbage）氏が製造工業に関する著書の中にはなはだよくいっているように,白金は今までのところ貨幣金属の必要なる資格の一つを欠いている。すなわち白金を大量に獲得する行程は困難にして非常に出費を要するがために,白金の鋳塊は,これが分割せられた場合よりも一塊としてのほうがはるかに大なる価値を有することこれである。外国の鋳貨はこれに含有せられたる貴金属の価値だけを有するにすぎない。したがって白金貨幣は,外国においてはこれを造るに用いられた鋳塊よりもはるかに価値が少ないことになる。同様の理由によって,銅貨〔ここに銅貨というは,一般に補助貨幣の意味である。——訳者〕の価値は,金属を精錬して鋳塊とするに要する費用のために,外国においては鋳塊としてそれに含有する銀の重量の価値よりも小である。ゆえにいかなる政府も,自己の領域における小銭の必要以上に銅貨を造ることは愚である。

$h$ をもって表わされる金の重量をもって($i$)において購買しうる銀の重量は $\rho_i h$ で表わさるべく,またこれは同地において支払われうる。同量の銀をもってあるいはこれと等価なる金の重量をもって($k$)において購買しうべき,かつ支払われうべき銀の重量は,$\rho_i c_{i,k} h$ をもって表わされる。しかし $h$ によって表わされる金の重量は,もし($k$)に対して実際に運送せられる場合には,運送費を控除すれば $\varepsilon_{i,k} h$ となるべく,これは後の場所において $\rho_k \varepsilon_{i,k} h$ をもって表わされる銀の重量を買うこととなるであろう。したがって,これより

$$\rho_k \varepsilon_{i,k} h > \rho_i c_{i,k} h$$

あるいは $\quad \dfrac{\rho_k}{\rho_i} > \dfrac{c_{i,k}}{\varepsilon_{i,k}}$

なる場合には実際に運送が行なわれることとなる。

この不等式が維持せられる限り,金は($i$)より($k$)へ流出する。が($i$)における金が少なくなれば,金に対する要求は強くなって($i$)における金の銀に対する比価は騰貴すべく,同様の理由によって($k$)におけるこの比率は下落して,

## 第3章 為替について

ついに

$$\frac{\rho_k}{\rho_i} = \text{または} < \frac{c_{i,k}}{\varepsilon_{i,k}}$$

に達する。

同様の議論を繰り返せば，あるいは単に添数の文字を交換すれば，均衡が樹立せられたる後には必ず

$$\frac{\rho_i}{\rho_k} = \text{または} < \frac{c_{k,i}}{\varepsilon_{k,i}}$$

となること，換言すれば比率

$$c_{k,i} = \frac{1}{c_{i,k}}$$

によって

$$\frac{\rho_k}{\rho_i} = \text{または} > c_{i,k} \times \varepsilon_{k,i}$$

なることが証明せらるべく，また数 $\varepsilon_{k,i}$ の決定は，数 $\varepsilon_{i,k}$ の決定から添数の文字の転換によって得られるのである。

$\varepsilon_{i,k}$, $\varepsilon_{k,i}$ の値が1に近づけば近づくほど，$\frac{\rho_k}{\rho_i}$ の比率が与えられたるときは係数 $c_{i,k}$ の値が，また逆に為替係数 $c_{i,k}$ が与えられたるときは $\frac{\rho_k}{\rho_i}$ の比率が，その動揺を制限せらるべき両極限の範囲は狭くなる。通常そうであるようにこれらの数と1との差が僅少なる場合には，僅少の費用をもって容易に金を輸出しうべく，またもし必要ならば容易に禁止法を潜りうるがゆえに，だいたい $\frac{\rho_k}{\rho_i} = c_{i,k}$ となる。

この場合には，一市場における金の価格およびもろもろの為替係数が与えられれば，この市場が銀行関係を有する他の一切の市場における金の価格を求めることができる。政府が貨幣体系を制定するにあたって，金と銀との値に対し

て法定比率を定めることは（たとえばフランスにおいては法律はこの比率に15.5の値を付している）無益である。もし上に与えられたる状態より生ずる金の価値がこれよりも大なれば，金は為替業者の間においてプレミアムをつけられることとなるべく，これによってその商業上の真価を回復するであろう。

為替係数 $c_{i,k}$ が先に $\gamma_{i,k}$ をもって表わしたる極限値に達すると仮定しても，上述の議論にはなんらの変更も起こらない。

鋳造の費用および大多数の政府が鋳貨の製造に対して課する税金は，鋳造せられたる1グラムの銀，あるいは1グラムの金の価格を，その領土を通じて，鋳造せられざるあるいは鋳塊の状態にある，銀あるいは金1グラムの価格以上に引き上げる。この増加価値は，その鋳貨が外国に出づる場合には消滅する。外国においては，単にその純分および重量によって評価せられるからである。これはあたかもある国の貨幣が輸出のためにこうむるこの損害の額だけ運送費用が増加したのと同様である。かように考えれば，それに前述の分析を変更することなしに考慮に入れることができるであろう。

鋳造は銅貨に対してこの金属の内在価値よりもはるかに大なる価格を与える。この理由によって銅貨は輸出せられることなくして，単にその国の領土のみに流通する慣用の鋳貨を構成するものである。

鋳貨の磨損あるいは長き使用によってこうむる鋳貨の重量の損失は為替取引に影響すべき他の条件である。これらの技術的詳細に関しては，深くこの問題に入っている著者の著述，特にスミスの著書を参照すればよい。

# 第4章
# 需要の法則について

## 20

　交換価値理論の根本を築くにあたって，多くの思索家は人類の揺籃にまでさかのぼる。けれどもわれわれはこれにならわない。われわれは私有財産の起原を説明しようとも，また交換ないし分業の起原を説明しようとするものではない。いうまでもなく，これらのすべては人類の歴史に属する。けれどもそれらは，著しく進歩せる文明状態——すなわち（幾何学の〔むしろ物理学の〕用語をもってすれば）初期の状態の影響が完全に除去せられたる状態——に対してのみ適用しうべき理論には，なんの影響をも及ぼさないのである。

　われわれはただ一つの公理を設定する，あるいはただ一つの仮定を置くとしてもいい。すなわち各人はかれの財ないし労働からできうる限り大なる価値を獲んとすることこれである。ただこの原理から合理的帰結を導くためにはわれわれは，観察のみが供給しうる要素ないし材料を従来なされたよりもいっそうよく確定することに努めるであろう。不幸にしてほとんどすべての理論家はこの基本的な点を，誤謬とはいわないまでも事実無意味に示しているのである。
　「財の価格は供給量に反比例し需要量に正比例する」とは従来異口同音にいわれているところである。正確さをもって数字的に評価することについて，人が

統計的な手段をもっていないものは供給量であり，需要量である。そのことは疑いをいれる余地のなかったことであり，また有益に応用するのに適した一般的帰結をこの原理から引き出しえなかったことは争えない。しかしいったいこの原理の意味するところはなんであるか。それはある商品の供給量が2倍になれば，その価格は2分の1となることを意味するものであろうか。しからばそれはより簡単にいい表わされて，価格は供給量に反比例するといえば足りる。ただしこれによってこの原理は理解しうるものとなってもそれは誤りである。けだし一般に100個のある商品が従来1個20フランずつで売られたということは，同一の期間同一の事情の下に200個が10フランずつで売られる理由とはならないからである。ある場合には，より少なくまたしばしばより多く売れるであろう。

　さらに需要量の意味するところいかん。それはもちろん買い手の需要に対して事実上売られる数量ではない。けだしもししからば，以上の原理から販売商品量の大なるほどその価格は高くなるという不合理なる一般的帰結が生ぜざるをえないからである。またもし需要をもって単に漠然たる商品所有の欲望を示すものとして，各個の買い手がその需要において予想する限界価格を顧慮することなしとすれば，ほとんどいかなる商品といえどもそれに対する需要量は無限と考えうるであろう。しかし各個の買い手が買わんと欲する価格および各個の売り手が売らんと欲する価格を考慮に入れるときは，以上の原理はどうなるであろうか。繰り返していう，それは誤れる命題ではない――それは意味のない命題である。したがって一致してこれを主張したすべての人々はまた一致してこれを用いていないのである。われわれはいま少しく意味のある原理を追及したい。

　一般に，商品が安価なるほどそれに対する需要量は大である。販売量あるいは需要量（けだしわれわれにとってこれら二つの言葉は同意義である，われわれは販売量として現われない需要量なるものをなにがゆえに理論において考慮せねばならぬかを

― 34 ―

## 第4章 需要の法則について

知らない)——販売量あるいは需要量は一般に価格の減少に応じて増加する。

　われわれは制限的に一般にという言葉を加える。実際，趣味ないし奢侈の対象にはその希少なるがために，またその結果として高価なるがためにのみ欲求せられるものがあるからである。もし何人かが炭素の結晶を廉価に作成することに成功して今日1,000フランに値するダイヤモンドを1フランで生産するとすれば，ダイヤモンドが装飾に使用せられなくなっても，また商業の対象でなくなっても驚くには当たらない。この場合には価格の大下落がほとんど需要を皆無ならしめるに相違ないのである。しかしこの種の対象が社会的経済において演ずる役割はほとんど重要を有しないものであるから以上に述べた制限は気に留める必要がない。

　需要量は価格に反比例することもある。が通常それははるかに速かなる比率をもって増減する。——この観察は特に大多数の工業生産物に適用しうるものである。これに反して他の場合には需要量の変動はそれほど速かではない。これは（はなはだ奇妙なことであるが）最必要品にも最不必要品にも等しく適用しうるように思われる。バイオリンあるいは天体観測用の望遠鏡の価格は2分の1に下落するとも，需要量はおそらく倍加しないであろう。けだしこの需要量はこれらの器具を要する芸術または科学に従事する人々の数によって規定せられるからである。この人々は必要なる素質を有し，これらに没頭する余暇を有し，また教師への支払い，その他必要なる出資に応ずる資力を有する人々である。したがって器具の価格のごときは第二次的の問題たるにとどまる。これに反して薪は最重要商品の一つであるが，開墾の進歩あるいは人口の増加のためにその価格が2倍になるとしても，燃料の年消費高が半減せられるときはおそらく容易に来ないであろう，けだし消費者の大多数は薪なしに暮らそうよりはむしろ他の諸費用を節約するからである。

## 21

　そこで，われわれは各商品に対する売上高，あるいは年々の需要量$D$をもって，この商品の価格$p$の特殊の関数$F(p)$なりとしよう。この関数の形を知ることこそいわゆる・需・要・あ・る・い・は・販・売・の・法・則 (la loi de la demande ou du débit) を知るゆえんである。それは明らかにその商品の効用の種類，それが提供しうる用役の性質あるいはそれによって獲得しうる享楽の性質，国民の風俗・習慣，平均的富力，富の分配の態様に依頼する。

　需要の法則には，列挙することも測定することもできない多数の精神的原因が影響するがゆえに，われわれはこの法則を代数的公式をもって表現しうるものとは期待しえない。それはあたかも死亡の法則，および統計または一般に社会算術と呼ばれる領域に入って初めて決定せらるべきすべての法則が代数的に表現しえないのと同様である。したがって適当なる限界内に$D$および$p$の対応価値の一表を作成する手段を得るには観察に依頼せねばならない。その後は周知の補間法まjust図解法によって問題たる関数を示すところの経験的公式あるいは適当なる曲線を作成しうべく，また問題の解決を数字的応用の程度にまで進めることができるのである。

　しかしたとえばこの目的が達成せられないとしても，（十分多数にして正確なる観察を得ることの困難なるがために，また未だ十分に静止的状態に達しない国においては需要の法則は進歩的変動をこうむらざるをえないがために）未知の需要法則を不定の符号を用いて解析的研究の範囲に入れることは，決して不当ではない。けだし解析の最も重要なる任務の一つが，まさに数字的価値はもとより代数的形式さえもまったく与えない諸量の間に，一定の関係を規定するにあることはあまねく知られたところである。

　未知の関数といえども，既知の特質ないし一般的性質をもつことを妨げない。たとえば，無限に増加・減少するとか，周期的であるとか，あるいは一定限界

## 第4章 需要の法則について

内においてのみ実であるというがごときはこれである。これらの材料は一見不完全ではあるがそれにもかかわらず，その一般的なることに基づいて，また解析の適当なる符号の助けをかりることによって，等しく一般的なる関係に導くことができる。その関係たるこの援助によらずしてはおそらくは発見しがたいものである。かくて数学者は，毛管引力減少の法則を知らず，ただこれらの力が識別しうる距離においては認識しえないという原理のみから出立して，毛管現象の一般的法則を証明し，これらの法則はまた観察によって確かめられているのである。

さらにまた，解析は未知数間にいかなる確定関係が存するかを示すゆえに，これらの未知数をあたう限り最少数ならしめ，またその値を発見するための観察の選択において観察者を最良の観察に導くものである。それは統計記録を短縮・統制し，統計学者の労苦を減少すると同時にそれに光を投ずるものである。

たとえば死亡の法則に対してアプリオリに一つの代数的形式を与えることは不可能であり，また人口の静態において年齢による人口の配分を示す関数を形成することも，同様に不可能である。けれどもこれら二つの関数は，きわめて簡単な関係によって結ばれている。すなわち統計的観察によって一つの死亡表が構成せられさえすれば，われわれは新たなる観察に訴えることなくして，この表から静態的人口における――いな出生に対する死亡の年々の超過が知られている人口に対してさえ――各年齢の割合を示す一表を引き出しうるのである。*

> \* Annuaire du Bureau des Longitudes にはこれらの2表がある，第二表は上述のごとく第一表から引き出され，静態人口の仮定の下に計算せられている。
> デュヴィラール (Duvillard) の De l'influence de la petite vérole sur la mortalité と題する著書の中には，本質的に経験的なる諸関数間の数学的関係についての多くの好例がある。

社会経済の統計においては把握しうべき諸関係によって相互に結ばれたる大群の数字があることを疑うものはあるまい。したがってこの関係のうちまず経

験的に最も確定しやすきものを選んで，他のすべてを理論によってこれから誘導することも当然許されねばならぬ。

## 22

われわれは需要あるいは販売の法則を表わす関数 $F(p)$ をもって連続関数なりと仮定する。すなわちそれは突然にある値より他の値に移ることなく一切の中間的値をとって変動する関数である。消費者の数が著しく制限されている場合にはそうでないことがある。たとえばある家計において使用せられる薪の量は薪の価格が1ステール〔1立方メートル〕について10フランないし15フランの場合にはおそらく変わらないであろうが，1スーテルの価格が後の数字以上に騰るときは消費は突然に減少することがあるのである。しかし市場の範囲が広くなるほど，また消費者側の必要，資力，進んでは気まぐれの組み合わせが変化に富めば富むほど，関数 $F(p)$ はますます $p$ と共に連続的に変動することとなる。$p$ の変動がいかに小なりとも，消費者中のあるものはこの商品価格の小騰落によってその消費を左右せられる立場にあるがゆえに，それはあるいはなんらかの節約をなさしめ，あるいは製造産額を減少し，またたとえば，薪に代えるに石炭をもってし，あるいは石炭に代えるに無煙炭をもってするがごとく，騰貴せる商品を他のなにものかに代わらしめることとなるであろう。かくて取引所は，きわめて僅少なる相場の変動によって公債に対する見込み評価のきわめて微細なる変動を示す寒暖計である。しかもその変動たる，資産をかかる公債に投じたる人々の大多数に対しては，十分に売買の誘因たりえない程度のものである。

いま関数 $F(p)$ をもって連続なりとすれば，それはこの種の関数のすべてに共通なる特質を有する。数学解析の幾多の重要なる応用はこの性質の上に築かれているのである。すなわち価格の変動が原価格の微小部分なる限り，需要量の変動は明白に価格の変動に比例する。しかのみならず，これらの変動はその

## 第4章 需要の法則について

符号を異にする，換言すれば，価格の騰貴は需要量の減少に相応ずるのである。

フランスのごとき国において，砂糖の消費量は，その価格が1キログラム2フランの場合に1億キログラムなりとし，また価格が2フラン10サンチームまで騰れる場合には9,900万キログラムに低下せることが，観察せられたりとする。しからば2フラン20サンチームの価格に応ずる消費は9,800万と評価しうべく，1フラン90サンチームの価格に応ずる消費は1億100万として大なる誤りはない。この原理は関数が連続なることの単なる数学的帰結にほかならない。けれども，理論が，十分発達して，おのずから数字的解決を与えうることとなれる場合に，この原理があるいは価値の変動を支配する法則の解析的表現を簡単にすることによって，あるいはわれわれが経験から借り来たる事実の数を減少することによって，いかに理論の応用を容易ならしめうるものであるかは明白であろう。

厳密にいえば，以上に述べた原理には例外のあることを忘れてはならない。けだし連続関数といえども，その過程のある点において連続を破られることがあるからである。しかしあたかも摩擦は圭角を消磨し，輪郭を柔軟にすると同じく，商業の経験は，この例外の場合を排除せんとする傾きを有し，同時に商業の機制は，価格の変動を緩和して，これを理論の応用が容易なるべき限界内に維持せんとする傾きをもつものである。

## 23

$D$ なる量，あるいはその表現たる関数 $F(p)$ を正確に定義するために，われわれは $D$ をもって考察せられる地方あるいは市場*の領域を通じて年々販売せられる量であると想定した。実際，年は特に社会経済学になにかの関係ある研究にとって自然的な時間の単位である。人類の一切の欲望，および人類が自然より獲得しまた労働によって獲得する一切の資源は，この期間をもって繰り返すのである。しかしながらその国家が，進歩ないし退歩の著しき変動をこうむ

るときは，一商品の価格は，1年間にも著しく変動することあるべく，したがって厳密にいえば，需要の法則もまた同一期間内に変化することとなる。ゆえにより正確には $F(p)$ なる表現における $p$ は年平均価格を示すものとすることを要すべく，また関数 $F$ を表わす曲線そのものも，1年の異なる期間においてこの関数を表わす一切の曲線の平均たらざるをえない。しかしこの極端なる正確さは進んで数字的応用に及ぶことを目的とする場合のみに必要であって，時を隔てて起こるもろもろの変動はしばらく別として，平均的結果の一般的表現を得んとするにすぎない諸研究にとっては，不必要である。

* いうまでもなく経済学者の意味する市場とは，売買が実行せられるある場所をさすものではなく，もろもろの部分が自由なる商業関係によって結合せられ，したがって価格は容易，迅速にすべてを通じて同一の水準をとるがごとき領域の全体をさすものである。

## 24

関数 $F(p)$ が連続であるから，年々の販売量の価値合計を示すところの関数 $pF(p)$ もまた連続でなければならない。この関数は $p$ が零なるときは零である，けだし商品の消費は，たとえそれが全然無償なる場合といえども有限なるがゆえである。換言すれば，$p$ なる記号に対して，$pF(p)$ なる結果を零と区別しがたきほどに，小ならしめる値を付することは，思考の上では常に可能なるがゆえである。関数 $pF(p)$ は $p$ が無限大となるときもまた消滅する。換言すれば，思考の上では，常に $p$ に対して，その商品に対する需要およびその商品の生産を中止せしめるほどの大なる値を付与しうるのである。関数 $pF(p)$ は，まず $p$ と共に増加し，次いで $p$ の増加と共に減少する。それゆえに $p$ にはこの関数を最大ならしめるある値があり，それは次の方式によって与えられる（数学注3）。

$$F(p)+pF'(p)=0 \qquad (1)$$

ここに $F'$ は，ラグランジュ（Lagrange）の符号法に従って，関数 $F$ の微係数を

## 第4章 需要の法則について

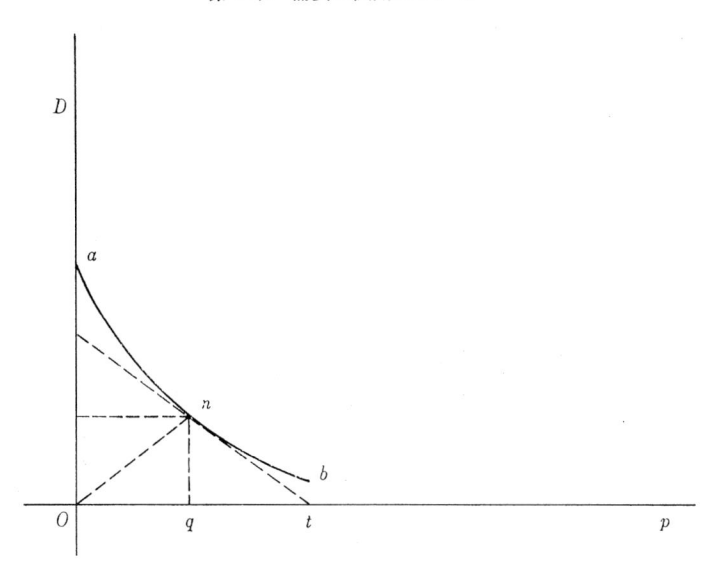

**第 1 図**

示すものである。

いま曲線 $anb$ (第1図)(数学注4) を描き，その横座標 $Oq$ および縦座標 $qn$ をもって変数 $p$ および $D$ を示すものとすれば，方程式(1)の根は点 $n$ の横座標である。これより接線 $nt$ および動径 $On$ から成る三角形 $Ont$ は二等辺であるから，$Oq=qt$ を得る。

われわれは，各商品に対して経験的に関数 $F(p)$ を決定しえざることを認める。けれどもそれは決して，同一の障害が方程式(1)を満足せしむる $p$ の値，あるいは収益 $pF(p)$ を極大ならしむる $p$ の値の近似的決定を妨げることにはならない。これらの値を見いだしうべき表の作成は，富の理論に関する問題の実際的なるまた厳密なる解決の用意として最も大切な仕事である。

しかしたとえ統計記録によって $pF(p)$ なる収益を極大ならしむる $p$ の値を獲得しえないとしても，少なくともわれわれが商業統計をとることを試みたる

一切の商品については，その現在価格が，この値〔すなわち収益を極大ならしめる値〕よりも大なるか小なるかを知ることは容易であろう。価格が $p+\varDelta p$ となる場合に，たとえば関税報告のごとき統計記録に示される年消費量が $D-\varDelta D$ となると想像する。しからば

$$\frac{\varDelta D}{\varDelta p} < \frac{D}{p} \quad \text{または} \quad \frac{\varDelta D}{\varDelta p} > \frac{D}{p}$$

のいかんに従って，価格における騰貴 $\varDelta p$ は，$pF(p)$ なる収益を増加あるいは減少するであろう。またしたがって二つの値 $p$ および $p+\varDelta p$ は，（$\varDelta p$ は $p$ の微小部分と仮定する）考察しつつある収益を極大ならしめる値の上にあるか下にあるかがわかる。

ゆえに商業統計においては，大なる経済価値を有する諸商品を，まずその現在価格が $pF(p)$ を極大ならしめる値の上下いずれにあるかに従って，二つの範疇に分割することが必要とせられねばならぬ。われわれは，その商品がこの2範疇のいずれに属するかによって，多くの経済問題がその解決を異にすることを見るであろう。

### 25

われわれは極大極小の理論によって，方程式 (1) は $pF(p)$ を極大ならしめる $p$ の値によってはもちろん，この結果を極小ならしめる $p$ の値によってもまた満足せられることを知る（数学注5）。実際前節の最初の議論の示すところによれば，関数 $pF(p)$ は必然に一つの極大値を有する。けれどもまたそれは数個の極大値を有し，またその間に極小の値を通過するかもしれないのである。方程式 (1) の根は

$$2F'(p)+pF''(p) < \text{または} > 0$$

に従って，極大または極小に応ずる。あるいは $p$ にその値を代入し，かつ $F'(p)$ の符号が必然的に負なることを考慮すれば

## 第4章 需要の法則について

$$2[F'(p)]^2 - F(p) \times F''(p) > \text{または} < 0$$

となる。したがって $F''(p)$ が負なる限り，あるいは曲線 $D=F(p)$ がその横軸に対して凹である場合には，一つの極小が存在することも不可能である。また一つより多くの極大も存在しない。これに反する場合には，数個の極大，ないし極小の存在は，不可能なることが証明せられない。

しかしもしわれわれが問題を単純に抽象的立場からのみ考察することをやめれば，関数 $pF(p)$ が $p$ の値の変動しうる限界内において数個の中間的極大極小を経過することのいかに不当なるかは直ちに看取しうるであろう。またこれらの限界を超えたる極大はもしありとしても考える必要はない。ゆえに一切の問題は，関数 $pF(p)$ が唯一の極大をもちうる場合と同一に帰する。重要なる問題は，常に $p$ が変動しうる限界範囲内において $p$ の値が増加するとき，関数 $pF(p)$ が増加的なりや減少的なりやの点にある。

いかなる証明も簡単より複雑に進まねばならない。価格がいかなる法則によって定められるかの研究目的に対して，最も簡単なる仮定は，独占のそれである。この場合独占なる言葉は，1商品の生産が1人の手にあるものと想像せられるところの，最も絶対的なる意味に解する。この仮定は純粋に架空のものではなくて，ある場合には実現せられるものであるのみならず，これを研究することによってわれわれは生産者の作用をいっそう正確に分析しうるのである。

# 第5章
# 独占について

## 26

　説明を容易にするために，ある鉱泉の一所有者を想像し，その鉱泉にはいま他のいずれにも求めがたき治療作用を有することが見いだされたとする。その人は明らかにこの鉱泉1リットルの価格を，100フランにも定めることができる。けれども，やがては需要量の少なきことによってかくのごときは，かれの財産〔すなわち鉱泉〕を最もよく利用するゆえんでないことを悟るに相違ない。したがってその人は，最大の可能利益が得られるところまで順次1リットルの価格を低減するであろう。すなわち $F(p)$ をもって需要の法則を示すものとすれば，かれは種々試みたる後に $pF(p)$ なる収益を極大ならしむべき $p$ の値，あるいは方程式

$$F(p)+pF'(p)=0 \tag{1}$$

によって定められる $p$ の値を採用することになる（数学注6）。

$$pF(p)=\frac{[F(p)]^2}{-F'(p)}$$

なる収益は鉱泉の所有者に対する年収であり，この収入はただ関数 $F$ の性質に依頼するのみである。

## 第5章 独占について

方程式 (1) が適用せられるためには,それから得られる $p$ の値に対して,これに対応する $D$ なる値が存し,かつそれは鉱泉の所有者が提供しうること,あれいはそれがこの鉱泉の年々の湧出量を超過せざることを,予想せねばならない。しからざれば,その所有者が1リットルの価格を,鉱泉がはるかに豊富なる場合に利益とすべき点にまで引き下げることは,とうてい損害たることを免れないであろう。すなわちこの場合,鉱泉の年々産出するリットル数を $\varDelta$ もって表わせば,われわれは $F(p)=\varDelta$ なる関係から得られる $p$ をもって1リットルの価格とするほかはなく,それは結局消費者の競争から決定せられねばならぬものである。

## 27

典型として選ばれたこの最も単純なる例においては,生産者はなんらの生産費をも負担しない,あるいは生産費は無視しうるものと考えられている。われわれは進んで,人工鉱泉の薬剤処方に関する秘伝を所有する人の例に移ろう。この場合には原料および労働に対して支払うことを要するのである。ゆえに生産者がその値を最大ならしめんと努むべきものは,最早関数 $pF(p)$ あるいは毎年の総収益ではなくて,純収益または関数 $pF(p)-\varphi(D)$ である。ただし,ここに $\varphi(D)$ は $D$ に等しきリットル数の生産費を示すものとする。一般に生産費は,生産量の陽関数であって,生産商品価格の陽関数ではないのであるが,$D$ と $p$ とは $D=F(p)$ なる関係によって結ばれているゆえに,合成関数 $pF(p)-\varphi(D)$ は,単一なる変数 $p$ の陰関数であると考えることができる。したがって生産者がその商品に付与せんとする価格 $p$ は,次の方程式によって決定せられるであろう(数学注7)。

$$D+\frac{dD}{dp}\left[p-\frac{d[\varphi(D)]}{dD}\right]=0 \qquad (2)$$

この価格は，逆に発明者の年々の純収益あるいは所得を決定すべく，またその秘伝，あるいは生産設備の資本価値を決定するであろう。それらの所有は，法律の保証するところであり，また土地財産あるいは他の物質的財産と同様に商業上流通しうるものである。もしこの価値が零であるかまたは零に近い場合にはこの生産資本の所有者は，それによってなんらの金銭上の利益をも獲得せず，したがって，かれはこれを発展せしめんとする何人にでも，無償かあるいはきわめて僅少なる対価をもって手離すことであろう。〔この場合〕1リットルの価格は，原料の価値，製造および販売に協力する人々の賃金ないし利潤，および生産に必要なる資本の利子を表わすにすぎないのである。

## 28

　われわれの例における条件は，この場合に生産能力の制限を認めていない。この制限があれば生産者は，需要の法則に従ってその純収益の極大を与うべき率にまで，その価格を引き下げえないのである。ところがかかる制限ははなはだ多数の場合に存在しうる。そこで $\Delta$ をもって生産あるいは需要量が超過しえざる限度を示すものとすれば，価格は生産費のない場合と同様に $F(p)=\Delta$ の関係式によって決定せられる。この場合に消費者は全然生産費を負担しない，それは生産者の所得を減少せしめるのみである。生産費は正確には所有者（所有者とはかれ自らあるいは代理人を通じてその収入に比例する対価をもってこの財産を獲得した人である。もっともその人が自ら発明者であるかまたは第一占有者である場合は別であるが，かような元の状態の問題は理論の全然関与せざるところである）に落ちるにあらずして，財産そのものに落ちるのである。またこの生産費の減少は，その生産能力を増進する可能性を生ぜざる限り，生産者の利益に帰するのみである。

## 第5章 独占について

### 29

　われわれはこの〔すなわち生産能力増進の〕可能性が存在し，したがって価値 $p$ が方程式(2)によって決定せられる場合に帰ろう。まず係数 $\frac{d[\varphi(D)]}{dD}$ を見るに，それは $D$ の増加に従って増減しうるものであるが，必ず正であると考えられねばならない。けだし，生産の増加に伴って絶対的生産費用が減少するというのは不合理だからである。また必然的に $p > \frac{d[\varphi(D)]}{dD}$ であるという事実にも注意を促したい。なんとなれば $dD$ は生産の増加なるがゆえに $d[\varphi(D)]$ は生産費の増加であり，また $pdD$ は総収益の増加である，したがって生産の資源がいかに豊富であろうとも費用の増加が収益の増加を超過するにいたれば生産者は必ず歩みを止めるべきがゆえである。これはまた $D$ が常に正数であって $\frac{dD}{dp}$ が負数なることから方程式(2)の形によっても十分明白である。

　われわれの研究の道程においては直接に $\varphi(D)$ を考察する機会はまれであって単にその微係数 $\frac{d[\varphi(D)]}{dD}$ を考察する場合が多い。われわれはこれを $\varphi'(D)$ で表わす。この微係数は $D$ の新たなる関数であってその形は経済学の主要問題の解決に重大なる影響を及ぼすものである。

　関数 $\varphi'(D)$ は $D$ の増加と共に増加することもあり減少することもある。それは生産能力および生産商品の性質によるものである。

　本来製造品と呼ばれるものに対しては，生産の増加に伴って生産費は比較的に減少することを常とする。換言すれば，$D$ の増加する場合 $\varphi'(D)$ は減少関数である。これは労働組織の改善，大量購買による原料価格の割引，および最後には生産者が一般経費と呼ぶものの減額から生ずるものである。しかしながら，この種の生産物を産出する場合においても，生産が一定限度を超えて行なわれるときには，原料および労働の騰貴をもたらすことがありうる。その点にいたれば $\varphi'(D)$ は再び $D$ と共に増加し始めるのである。

農業土地，鉱山，採石場のごとく，本質的に不動産たるものが問題となる場合には，関数 $\varphi'(D)$ は $D$ と共に増加する。農場，鉱山，採石場がその土地から物理的に生産しうる一切を採取せられるはるか以前において，またこれらの不動産の細分が生産者の間にほとんど無制限の競争を惹起するにもかかわらず，なおその所有者に対して純収益を生ずるのは，われわれがやがて見るごとく，一にこの事情に基づくものである。これに反して $D$ の増加に伴って $\varphi'(D)$ が減少する条件の下にある生産設備は，いわゆる本来の独占の場合か，あるいは競争が十分制限せられて共同的に保持せられる独占の作用がなお認められうべき場合にのみ，純所得あるいは地代を生ずるのである。

## 30

　関数 $\varphi'(D)$ が増加する場合と減少する場合との二つの間には，自然この関数が常識に帰する場合が来る。この場合には生産費は常に生産に比例的であって方程式(2)は次の形をとる。

$$D + \frac{dD}{dp}(p-g) = 0$$

　また $\varphi(D)$ が常数であって $\varphi'(D) = 0$ したがって価格は生産費なきに等しい場合をも指摘しておかねばならない。この場合は一見して想像せられるよりははるかに頻繁に起こる。特にわれわれが独占の下における生産を取り扱う場合に，$D$ の数値として適当なる大いさを与える場合においてそうである。たとえば劇場の経営において，$D$ は売り上げ切符の数を示すものであるが，興行の経費は観客の数に関せずほとんど同一である。さらに他の独占的生産設備たる橋の橋銭についても，$D$ は通行者の数を表わし，かつ修繕，見張りおよび会計の費用は通行の多少にかかわらず同一である。以上の場合においては，常数 $g$ は消去せられ方程式(2)は方程式(1)と同一になり，したがって価格 $p$ は生産費なき場合と同様に決定せられるのである。

## 第5章 独占について

### 31

　生産費が増加するときは，独占者が方程式(2)によって定める価格も同様に増加することは当然のように考えられる。しかし仔細に考えれば，合理的証明によってきわめて重要な命題が支持さるべきことがわかる。またこの証明は，進んで数学によってのみ決定的に樹立しうべき同じく重要なる観察に導くであろう。

　$p_0$ をもって方程式(2)の根とする。さて $\varphi'(D)=\varphi'[F(p)]$ であり，それは簡単に $\psi(p)$ と置くことができるから，方程式(2)は次の形をとる（数学注8）。

$$F(p)+F'(p)[p-\psi(p)]= 0 \qquad (3)$$

そこで関数 $\psi(p)$ が $u$ 量だけ変化して $\psi(p)+u$ となり，$p$ は $p_0+\delta$ となるものと想像しよう。いま増分 $u$ および $\delta$ の2乗以上の高冪を無視するとすれば，方程式(3)はこれら二つの増分の間に次のごとき関係を樹立する。

$$\{F'(p_0)[2-\psi'(p_0)]+F''(p_0)[p_0-\psi(p_0)]\}\delta-uF'(p_0)= 0 \qquad (4)$$

この式における $\delta$ の係数は，方程式(3)の左辺を $p$ に関して微分したるものであり，その微分においては $p$ に対して $p_0$ なる値が与えられているのである。

　ところがこの $\delta$ の係数は，熟知せられたる極大極小の理論に従って必然的に負である。けだし，もしこれを正とすれば，方程式(3)の根 $p_0$ は関数 $pF(p)-\varphi(D)$ の極小に応ずべく，その当然とする極大には応じないことになる。しかのみならず $F'(p)$ はその性質上負数である。ゆえに一般に増分 $\delta$ は増分 $u$ とその符号を等しくする。

### 32

　上の結果は，増分 $u$ および $\delta$ がきわめて小なる数であり，2乗および積はこれを無視して大過なし，という仮定に基づいて証明せられたものである。が，この制限ははなはだ簡単なる証明によって除去せられうる。実際 $u$ によって示

される生産費の増加がいかなるものであろうとも関数 $\psi(p)$ はこの値 $\psi(p)$ より次の値 $\psi(p)+u$ に移るにあたってすべて同符号なる微小増分の系列 $u_1$, $u_2$, $u_3$ 等を経過するものと想像することができる。同時に $p$ もまたその値 $p_0$ より $p_0+\delta$ に移るときに同じく上に応ずるきわめて小なる増分 $\delta_1$, $\delta_2$, $\delta_3$ 等の系列を経過するであろう。$\delta_1$ は（前節に従って）$u_1$ と同符号なるべく $\delta_2$ と $u_2$ 等もまた同様である。ゆえに

$$\delta=\delta_1+\delta_2+\delta_3+\cdots\cdots\text{etc.}$$

は

$$u=u_1+u_2+u_3+\cdots\cdots\text{etc.}$$

と同符号である。

この証明方法は後にしばしば用いるものであるから注意を乞うておく。

## 33

方程式（4）からわれわれは

$$\frac{\delta}{u}=\frac{F'(p_0)}{F'(p_0)[2-\psi'(p_0)]+F''(p_0)[p_0-\psi(p_0)]}$$

を得る。また右辺の分数は分母子共に負なるゆえに，われわれは次の関係いかんによって $\delta$ の数値が $u$ よりも大なるか小なるかを決定することとなる。

$$-F'(p_0)\gtreqless -F'(p_0)[2-\psi'(p_0)]-F''(p_0)[p_0-\psi(p_0)]$$

または

$$F'(p_0)[1-\psi'(p_0)]+F''(p_0)[p_0-\psi(p_0)]\gtreqless 0$$

あるいはこの $p_0-\psi(p_0)$ に方程式（3）から得られるその値を代入すればこの条件は

$$[F'(p_0)]^2[1-\psi'(p_0)]-F(p_0)\times F''(p_0)\gtreqless 0$$

となる（数学注9）。

## 第5章　独占について

## 34

　数字の適用によってこれをいっそう明らかならしめるために，われわれは仮定的な例を採ろう。関数 $\varphi'(D)$ は最初零であって，その後次第に常数 $g$ になるものと想像する。$p$ の第一の値あるいは $p_0$ は次の方程式

$$F(p)+pF'(p)=0$$

によって与えらるべく，$p$ の第二の値すなわちわれわれが $p'$ と名づけるものは他の方程式

$$F(p)+(p-g)F'(p)=0 \qquad (5)$$

によって与えられるであろう。

　まず第一に $F(p)=\dfrac{a}{b+p^2}$ と置けば $p_0$ および $p'$ の値は前記の方程式によってそれぞれ

$$p_0=\sqrt{b} \qquad また \qquad p'=g+\sqrt{b+g^2}=g+\sqrt{p_0^2+g^2}$$

となるであろう。（方程式(5)の根のうち $p'$ に対して負の値を与えるものは当然除かねばならぬ。）われわれはこの場合 $p'$ の $p_0$ に対する超過は $g$，すなわち生産に課せられたる新たなる生産費の大いさよりも大なることを見る。たとえばいま新生産費を最初の価格の10分の1あるいは $g=\dfrac{1}{10}p_0$ とすれば $p'=p_0\times 1.1488$ なるべく価格の騰貴は大約10分の1.5である。すなわち旧価格を20フラン，生産費を2フランとすれば，新価格は23フランあるいは正確には22フラン97サンチームとなるであろう。

　　〔訳者注〕　この点については英訳者の親切なる脚注がある。いわく「上に与えられた数字は仏原著にあるがままのものである。しかし著者はここに明らかなる算術上の誤謬を犯している。すなわち著者は根号の下に $p_0^2+g^2$ とあるのを $p_0+g^2$ と使用したのである。したがって数字は $p'=p_0\times 1.1050$ なるべくまた新価格は22フラン10サンチームである。」

　次に $F(p)=\dfrac{a}{b+p^3}$ と置けばわれわれは $p_0=\sqrt[3]{\dfrac{b}{2}}$ を得べく方程式(5)は

$$2p^3-3gp^2-b=0$$

または   $p^3 - \frac{3}{2}gp^2 - p_0^3 = 0$

となるであろう。これは一般的解法に従って

$$p' = \frac{1}{2}\left\{ g + \sqrt[3]{g^3 + 4p_0^3 + 2\sqrt{2p_0^3(g^3 + 2p_0^3)}} + \sqrt[3]{g^3 + 4p_0^3 - 2\sqrt{2p_0^3(g^3 + 2p_0^3)}} \right\}$$

を与える。この場合には $p'$ の $p_0$ に対する超過は $g$ よりも小である。いま $g = \frac{1}{10}p_0$ とすれば $p' = p_0 \times 1.0505$ が得られる。すなわち新生産費が原価格の10分の1なりとすれば価格の騰貴はわずかに原価格の10分の1の半分にすぎない。旧価格を20フラン，増加生産費を2フランとすれば，新価格はわずかに21フランあるいは正確には21フランと100分の1サンチームである。

## 35

いまわれわれが以上に到達したる結果は十分の注意に値する。それは次のことを示している。すなわち生産費の増加は，関数(5)の形に従ってあるいは販売の法則に従って，独占の下にある商品の価格を増加せしめる，けれどもその騰貴は，生産費の増加に比して，あるときははるかに大にまたあるときははるかに小である。また同様にして生産費の減少とその商品の価格の下落との間には，なんらの均等も存しないということこれである。

このことから次の結果を生ずる。すなわち新たなる生産費が生産者自身の負担とならずに消費者あるいはおそらく消費者にこれを転嫁すべき中間商人によって負担せられるときは，生産費のこの増加は，常に消費者に対してその商品の価格を高めまた常に生産者の純所得を減少すべきものであるが，なお事情のいかんに従って，生産者に支払われる価格に増減をもたらすことがある。

反対に配給費用すなわち商品を生産者の所有から消費者の所有に移転する費用の減少もまたあるときは生産者に支払われる価格を増加せしめ，あるときは

## 第5章 独占について

これを減少せしめる。ただしいかなる場合にも，それは消費者によって支払われる最終価格を減少し，生産者の所得を増加することとなるであろう。

　生産者の手を離れたる粗製品を直接の消費に適合せしめんがために要する一切の出費は，この点においては配給費用と同様に考えられねばならない。

　なお上の計算は，生産者がかれに最大の純収益を与うべき需要量に応ずることができ，またその価格を最大の収益を獲得するに必要なる程度まで引き下げうる場合にのみ適用せられるものである。そうでない場合には，生産者は生産ないし配給費用における変動の以前においても以後においても最大限度までを生産すべく，また均衡の状態ないし長期においては，同一販売量に対して異なる二つの価格はありえないがゆえに，消費者にとっての購買価格は変動しないであろう。かかる場合には生産費の増加は，その性質のなんたるかを問わず結局ことごとく生産者の負担となるものである。

# 第6章
# 独占生産商品に対する租税の影響について

### 36

　前章末段に展開したる考察は、もちろん租税理論にも適用しうる。租税の賦課はいわば人為的生産費を形成するものである。それは多少とも組織的なる計画に従って統制せられ、その額についてはともかく、少なくともその配分の決定については立法者の権力の中にあるところの生産費である。したがってその理論は政治経済学における一大研究対象である。

　租税の形態ははなはだ変化に富んでいる。公の事務が秘密の裡に行なわれた時代には、できるだけ形態を変えることが一大技術と考えられていた。それは租税の徴収を目だたしめずに国庫の収入を増加するものと信ぜられたからである。半解の理論に従って租税をできるだけ均整ならしめることがいいと考えられたのはその後である。しかし今日フランスに現存する財政立法はこれら両極端のいずれにも偏せざるものであって、明確に区別すべき、しかも数においてはきわめて限られたる租税の形態を容認している。すなわちそれは理論的といわんよりはむしろ実際的見地から、直接税および間接税の二大範疇に分かたれているのである。地主または生産者の見積もり純所得〔収益〕に対して課せられる税金は直接税であって、商品が消費者の手に達するまでに支払わるべき税

## 第6章 独占生産商品に対する租税の影響について

金は間接税である。われわれはこれら2種の租税についてのみ考えようと思う。ただし本章において考察する商品は，その生産が独占によって支配せられるものに限ることを忘れてはならない。

いま租税がその定額にまたは純収益に比例して，独占的生産者に課せられるとすれば，前2章の説明に従って，この租税は生産商品の価格に対してなんらの直接的影響を有せず，したがって生産数量にも関係することなく，またいかなる意味においても消費者の負担とならないことは明白である。その直接の結果は，単に生産者の収入および資本財産を減少するにとどまるのである。

あえていえば，この租税は単に第一の所持者，発明者，および一般に租税が課せられる当時その生産設備を利用しつつありし人々，または無償をもってその資本を獲得したるその承継者を害するのみである。けだし有償の承継者ならば，税金を控除したる純収益によってその購買価格を調整するからである。生産設備をその手に有する間に資本価値が減少するとすれば，それはその人々にとって現実の損害である。

この租税はかくのごとく消費者には影響しない。それにもかかわらず一般の利益にとってははなはだ賢明でない場合がある。それは，主としてこの課税を受けたる生産者の富を減少し，その消費者としての資金を制限し，したがってまた他の商品の需要の法則に影響するがためではなく，特に生産者の収益から課税によって取り去られる部分が年産物，国富および人民の幸福を増進する点においては，通常生産者自身の処分に任ぜられる場合よりも不利益に使用せられるがためである。かかる課税が自然と労働からの生産物の分配に及ぼす作用を考察することはいうまでもなく富の理論に関する一切の問題の究極の目的である。ただしわれわれはここにそれを試みんとするものではない。

しかしわれわれは次のごとくいうことができる，しかもそれはすべての著者が一致する点である。すなわち生産者の所得に対する租税は，たとえそれが生産設備に対して課税以前と同量を生産することを妨げないとしても，なお新た

なる生産設備の形成に対する一つの障害であり，また比例税が考えられる場合には現存設備の改善に対してすら一つの障害である。もしこれらの設備の純収益に対して租税が課せられるために，もはや同種の企業に活動する設備に対して通常与えられる利子をも獲得しえないとすれば，何人もその資本を新たなる生産設備ないしは現存設備の改善に投じないであろう。かかる租税は労働ないし勤労の活動の途を阻止するがゆえに，その作用は誇張していえば最も有害なものである。

　近代の発明にかかる奨励金は租税の逆である。代数的表現を用うれば，それは負なる租税であり，したがって租税および奨励金には同一の解析公式が適用されることとなる。しかし奨励金が租税と異なる点は，それが総収益について計算せられることにある。したがって，そもそもわれわれがここに奨励金を所得あるいは純収益に対する租税と関連せしめて考えるのは，単に体系の便宜に出づるものである。

37

　租税は商品の各単位に対して課せられる定額料金たることをうべく，また一般にそうである。その場合にはその収入は $D$ に比例すべく，その作用は関数 $\varphi'(D)$ が常数 $i$ だけ増加したる場合と同一である。消費者に対する商品価格の騰貴，および消費量ないし生産量の減少は常にここから生ぜねばならない。けれども事情のいかんによって，消費者に対する価格の騰貴は $i$ よりも大なることもありまた小なることもある。何人から租税がとられるか，あるいはいかなる時期に国庫が商品を捕えるかは，生産者ならびに消費者に対する租税の絶対的作用になんらの相違をももたらさない。ただその作用の外観のみは，生産者が租税を前払いするかいなかに従って異なるであろう。すなわち前払いする場合にはその商品の価格は常に生産者の手を離れるさいに租税だけ騰貴しているが，これに反する場合には，あるときはこの価格が騰貴し，あるときは下落

第6章 独占生産商品に対する租税の影響について

するのである。

ただし生産者が租税を前払いするといなとにかかわらず,租税の絶対的作用は同一であるという場合に,われわれは租税の主たる部分のみを考え,この主たる部分に対する利子より生ずる付随費用を無視する場合に限ってこの見解をとるものである。商品が消費者に達するまでに幾多の手を通らねばならない場合には,中間の各商人はさらに資本を使用することを要するがゆえに,その商品がすでに税金を支払っているとすれば,税金のすでに支払われた時期に正比例してますます高価に消費者に対して売られねばならず,また消費量もこれに応じてますます減少すべきことは明白である。ゆえに租税が遅く支払われること,またできれば消費者自らによって支払われることは消費者にも生産者にもまた国庫にとってさえも肝要である。もっとも他方,租税の徴収は,これを細分するほど多くの費用を要することとなってますます多数者すなわち消費者の不平を惹起する傾きがある。けだしそれは消費者に対して,国庫の活動をより明白ならしめるからである。

## 38

課税以前の商品価格を $p_0$,課税後の価格を $p'$ とする。$p_0$ は方程式

$$F(p)+[p-\psi(p)]F'(p)=0$$

の根であり,また $p'$ は方程式

$$F(p)+[p-\psi(p)-i]F'(p)=0$$

の根である。

$i$ が $p_0$ に比して小なれば小なるほど,いよいよ近似的に

$$p'-p_0=\frac{i[F'(p_0)]^2}{[F'(p_0)]^2[2-\psi'(p_0)]-F(p_0)F''(p_0)}$$

となる(数学注10)。

価格の騰貴を顧みず続けてこの商品を買う消費者がこうむる金銭上の損失は,

$$(p'-p_0)F(p')$$
であり，国庫の総収入は
$$iF(p')$$
である。したがって
$$p'-p_0>i$$
なる一切の場合には，消費者の損失のみでもすでに上の総収入を超過するであろう。これすなわち生産者が税金の前払いをなさざるときに，租税のために生産者の手を離れる価格が騰貴する場合にほかならない。

独占者のこうむる純所得の損失は，
$$p_0F(p_0)-\varphi[F(p_0)]-\{p'F(p')-\varphi[F(p')]-iF(p')\}$$
$$=p_0F(p_0)-\varphi[F(p_0)]-\{p'F(p')-\varphi[F(p')]\}+iF(p')$$
となるべく（数学注11），また $p_0$ は関数
$$pF(p)-\varphi[F(p)]$$
を極大ならしめる $p$ の値であるから，必然的に
$$p_0F(p_0)-\varphi[F(p_0)]>p'F(p')-\varphi[F(p')]$$
となる（数学注12）。ゆえに独占者の損失のみでもすでに国庫の総収入を超過することとなる。したがって消費者のこうむる損失に対してはなんらの補償もなく，ケネー（Quesnay）学派の学説が完全に独占生産物に適用せられることについてはなんの疑問もない。すなわち〔独占〕商品に従量税を課するよりは独占者の純所得に直接税を課するほうがいいのである。

課税以前に商品の消費に用いられた金額は $p_0F(p_0)$ であるが，課税以後にはそれは $p'F(p')$ となる。したがって必然的に
$$p_0F(p_0)>p'F(p')$$
となる（数学注13）。これは上に証明したる不等式
$$p_0F(p_0)-\varphi[F(p_0)]>p'F(p')-\varphi[F(p')]$$
および次の不等式から「両者を加えることによって」出てくる。

## 第6章 独占生産商品に対する租税の影響について

$$\varphi[F(p_0)] > \varphi[F(p')]$$

後者は自明の理である。けだし生産費の絶対額は，生産量の減少に伴って減少する以外に変化しえないからである。

国庫の総収入を最大ならしむべき $i$ の値，すなわち税率は，次の方程式から得られる（数学注14）。

$$\frac{d[iF(p')]}{di} = F(p') + iF'(p')\frac{dp'}{di} = 0$$

またさらに $p'$ は方程式

$$F(p') + [p' - \phi(p') - i]F'(p') = 0$$

によって与えられる $i$ の関数である。

### 39

販売の法則および生産設備の関係上，生産者が課税の前後を問わず最大の利益をもたらすべき需要量に応じえないときには，その生産者は課税の前後を問わず生産しうるだけを販売すべく，またその価格を変更しないであろう。けだし事物の安定状態においては，等しき販売量に対して二つの価格はありえないからである。この場合には租税はことごとく生産者の負うところとなる。

このことから国庫がこの租税の決定にあたって受けるべき制限条件は，ややもすれば単に生産者の純所得をことごとく吸収しないことにあると思われる。けれどもこの帰結は正確でない。その誤謬は，少なくとも一つの場合については立証しうる。すなわち $\varphi'(D)$ が $D$ と共に増加しまた同時に $p' - p_0 > i$ なる場合がそれである。この場合 $p_0$ および $p'$ は，それぞれ方程式

$$F(p) + [p - \varphi'(D)]F'(p) = 0 \tag{1}$$

および $\qquad F(p) + [p - \varphi'(D) - i]F'(p) = 0$

の根である。

実際もし $\Delta$ をもって生産の必要限界とし，$\pi$ をもって $F(p) = \Delta$ なる関係から

得られる $p$ の価とすれば, $\pi > p'$ なる仮定, したがってまたいうまでもなく $\pi > p_0 + i$ なる仮定の下においては, $i$ は $\pi - \dfrac{\varphi(\varDelta)}{\varDelta}$ に等しい。ゆえにわれわれは次の関係を得る。

$$\pi > p_0 + \pi - \frac{\varphi(\varDelta)}{\varDelta} \quad \text{または} \quad p_0 < \frac{\varphi(\varDelta)}{\varDelta}$$

しかしこの後の不等式は $\varphi'(D)$ が仮定によって $D$ と共に増加する関数なる場合には確かに不可能である。けだしこの場合 $p_0$ は $\pi$ より小であるから, $p_0$ に応ずる需要量は $\varDelta$ よりも大, また $\dfrac{\varphi(D_0)}{D_0}$ は $\dfrac{\varphi(\varDelta)}{\varDelta}$ よりも大であり, したがって $p_0$ は $\dfrac{\varphi(D_0)}{D_0}$ よりも小となるであろう。かくてこの $p_0$ の値は生産者に損失をもたらすこととなるべく, したがって方程式(1)の根ではありえない。

### 40

もし政府が租税に代えて奨励金 $i$ を独占的生産者に与えるときは, 奨励金以前に $p_0$ なりし価格は下落して $p'$ となるべく, また事情のいかんによって $p_0 - p' \gtreqless i$ となるであろう。国庫の損失は $iF(p')$ なるべく, 奨励金以前より〔引き続いて〕の消費者に対する利益は $(p_0 - p')F(p_0)$ であって, それは $iF(p')$ になんらの必然的関係を有しない。奨励金の結果たる価格の下落をまって初めてこれを買う消費者に対しては, われわれは奨励金がその人々に金銭上の利益を与えたるやいなやを確かめえない。それは単にその貨幣をある用途からかく有利にせられたる用途に振り替えたにすぎないのである。

奨励金の結果として起こる生産者の純所得の変動は

$$p'F(p') - \varphi[F(p')] + iF(p') - \{p_0 F(p_0) - \varphi[F(p_0)]\}$$
$$= iF(p') - \{p_0 F(p_0) - \varphi[F(p_0)] - [p'F(p') - \varphi[F(p')]]\}$$

である (数学注15)。しかるに $p_0$ は関数

$$pF(p) - \varphi[F(p)]$$

を極大ならしめる $p$ の値であるゆえに, 常に次の結果が生ずる。

## 第6章 独占生産商品に対する租税の影響について

$$p_0 F(p_0) - \varphi[F(p_0)] > p'F(p') - \varphi[F(p')]$$

したがって奨励金の結果生産者の得る利益は，（また一般に奨励金の設定において考慮せられるものは生産者の利益であって消費者の利益ではない）この利益が得られるために犠牲とせられる一般の損失よりも，必然的に小ならざるをえない。

## 41

租税は従量にあらずして売価に比例的なる料率によって課せられることがある。換言すれば，租税は常数 $i$ をもって表わされずに $np$ なる項によって表現せられるのである。* この場合もし生産者と消費者との間にある生産費および配給費がいうに足らざるものであり，またその価格は生産者が最大の可能利益を得べき条件によって，すなわち $(1-n)pF(p)$ を極大ならしめる条件によって決定せられるときには，常数 $(1-n)$ の出現は少しも $p$ の値を変動せしめない。すなわち租税はすべて生産者の負うところなるべく，また進んではその純所得を吸収し尽くすまでに達しうるのである。

* 生産費の中には，商品価格に比例的なるがためにかかる租税とその作用を等しくすると考えうべき部分がある。商品生産用の資本に対して支払われる利子はこの部分である。

これに反する場合，すなわち通常実現せられうる唯一の場合においては，条件は関数

$$(1-n)pF(p) - \varphi(D)$$

を極大ならしめることにあるべく，あるいは

$$F(p) + \left\{ p - \frac{1}{1-n}\varphi'[F(p)] \right\} F'(p) = 0 \qquad (2)$$

が得られねばならない。しかしてこれによれば，租税の賦課は，商品の生産およびその消費者への配給に要する一切の費用が $1 : \dfrac{1}{1-n}$ の比例をもって増加する場合と，全然その作用を等しくする。この結果ははなはだ簡単である，しかしそれは十分の注意に値する。

かくてこの種の租税は，事情の変化しない限り，すでに存する生産，配給の費用が大なれば大なるほど，またその商品価格のうち独占者の収入に帰する部分が小なれば小なるほど，ますます重き負担となるものである。

国庫の総収入は $np'F(p')$ である。これを極大ならしめる $n$ の値は，方程式

$$\frac{d[np'F(p')]}{dn}=0$$

または $\qquad p'F(p')+\frac{dp'}{dn}n[F(p')+p'F'(p')]=0$

によって与えられる。引き続いてその商品を買う消費者のこうむる損失は $(p'-p_0)F(p')$ なるべく，したがってこの損失は，$p'-p_0 \gtreqless np'$ または $p'(1-n) \gtreqless p_0$ のいかんによって国庫の総収入より大あるいは小である。

生産者のこうむる損失は

$$p_0 F(p_0)-\varphi[F(p_0)]-\{(1-n)p'F(p')-\varphi[F(p')]\}$$
$$=p_0 F(p_0)-\varphi[F(p_0)]-\{p'F(p')-\varphi[F(p')]\}+np'F(p')$$

である。ゆえにこの損失のみでも，ある種類の租税の場合と同様に，国庫の総収入を超過するであろう。

## 42

なお研究すべきものに独占商品に対する物納税の作用がある。がこの租税形態は諸国民の商業組織発達の結果，いたる所において消滅する傾きがあるから，われわれはきわめて簡単にこれを論じよう。われわれはここに2個の異なる場合を区別する（数学注16）。

物納税の収穫は，この税があるために初めて生ずる消費に充用せられ，またこの消費は他の消費者がこの生産者に対してなす需要にはなんらの影響をも及ぼさないことがありうる。われわれはまず物納税の大いさを常数 $K$ に等しと想像しよう。しからば $p$ の値を求むべき極大のための方程式は

## 第6章 独占生産商品に対する租税の影響について

$$F(p)+\{p-\varphi'[F(p)]\}F'(p)=0$$

ではなくして

$$F(p)+\{p-\varphi'[F(p)+K]\}F'(p)=0 \tag{3}$$

となる。したがってかかる租税は，関数 $\varphi'(D)$ が $D$ の値の増加に応じて増加するかあるいは減少するかによって，その商品の価格を騰貴せしめ，あるいは低落せしめることとなる。

次に物納税の大いさが生産総量に比例し，かつそれはこの生産総量に対して $n:1$ の比率にあるものとする。しからば生産者が極大ならしめんと努める関数は

$$pF(p)-\varphi\left[\frac{F(p)}{1-n}\right]$$

なるべく，方程式(3)は

$$F(p)+\left\{p-\left(\frac{1}{1-n}\right)\varphi'\left[\frac{F(p)}{1-n}\right]\right\}F'(p)=0$$

によって置き換えられるであろう。

これに反して物納税賦課の前後を通じてその商品の消費法則〔需要法則〕が同一なりとすれば，定額 $K$ の支払いの場合において極大ならざるべからざる関数は

$$p[F(p)-K]-\varphi[F(p)]$$

なるべく，また $p$ の値を決定するための微分は

$$F(p)-K+\{p-\varphi'[F(p)]\}F'(p)=0$$

である。

総収益に比例する賦課あるいは十分の一税 (la dime) は，その極大に対する関数として

$$(1-n)pF(p)-\varphi[F(p)]$$

を与えるであろう。その微係数は方程式(2)の左辺と同一である。かくて商品

の価格，国庫の収入，消費者の負担および生産者の損失は，その商品が $n:1$ の比率においてその価格に比例する租税を課せられたる場合と全然同一である。

# 第7章
# 生産者の競争について

## 43

　競争の作用については何人も漠然たる考えをもっている。これをいっそう明確ならしめることは理論のまさに努むべきところである。しかも経済学者は問題を適当なる見地より観察しなかったために，またその使用を不可欠とする符号に依頼しなかったがために，この点に関しては通俗の見解に一歩をも進めていない。これらの見解は，学者の著述においても通俗の用語におけると同様に拙劣に定義せられ，また拙劣に応用せられている。

　独占の抽象的観念を明白ならしめるために，われわれは一つの鉱泉および1人の所有者を想像した。今やわれわれは2人の所有者および全然同一の性質を有する二つの鉱泉を想像しよう。これらの所有者は，相似たるその地位に基づいて競争的に同一市場に供給するものである。この場合，価格は必然的に2所有者に対して同一でなければならない。$p$をこの価格とし，$D=F(p)$を総販売高とする。また$D_1$を鉱泉(1)の販売高，$D_2$を鉱泉(2)の販売高とすれば，$D_1+D_2=D$である。まず最初は生産費を無視するものとすれば，所有者の所得はそれぞれ$pD_1$および$pD_2$であって，各自独立にできうる限りこの所得を大にすることを努める。

われわれは各自独立にという。この制限はやがて見られるごとくきわめて重要なものである。けだしもしかれらがそれぞれ最大可能所得を獲得するために妥協するときは、その結果はまったく異なるべく、また消費者の関する限りにおいては独占の研究において得られた結果と異ならないからである。

この場合には、従来のごとく $D=F(p)$ を採らず、その逆の記号法 $p=f(D)$ を採用するほうが便利である。しからば所有者(1)および(2)の収益はそれぞれ

$$D_1 \times f(D_1+D_2)$$

および　　　$D_2 \times f(D_1+D_2)$

すなわち、おのおのに2個の変数を有する関数によって表わされるであろう。

所有者(1)は $D_2$ の決定に対してなんら直接の影響を及ぼしえない。そのなしうるところは、たかだか $D_2$ が所有者(2)によって決定せられたる後に $D_1$ に対して最も適当なる値を選択することにある。これはかれがその価格を適当に調

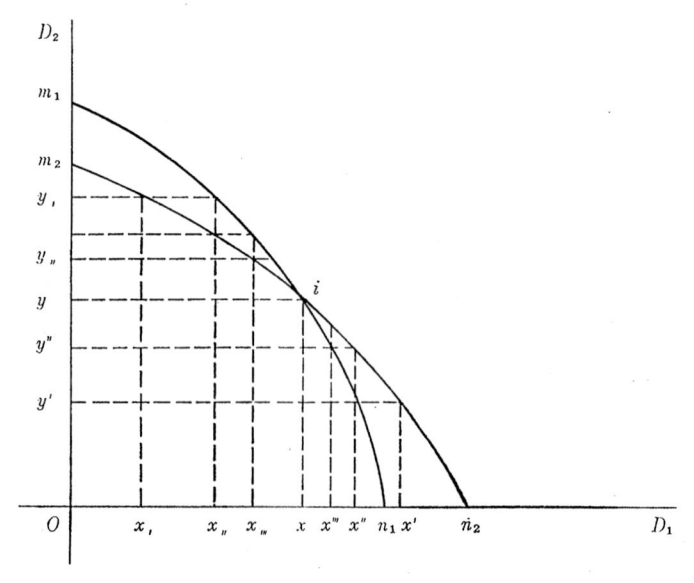

第　2　図

## 第7章 生産者の競争について

節することによって遂行しうるところである。ただし所有者(2)が，この価格および $D_1$ の値を承認せざるをえないことを見て，従前よりもいっそうよくその利益に適合すべき新たなる値を $D_2$ に採用する場合は別である。

これは解析的には $D_1$ は $D_2$ の関数として次の方程式

$$\frac{d[D_1 f(D_1+D_2)]}{dD_1}=0$$

によって決定せらるべく，また $D_2$ は $D_1$ の関数として，同様の方程式

$$\frac{d[D_2 f(D_1+D_2)]}{dD_2}=0$$

によって定められるというに等しい。これより $D_1$ および $D_2$ またしたがって $D$ および $p$ の最終の値は連立方程式

$$f(D_1+D_2)+D_1 f'(D_1+D_2)=0 \qquad (1)$$
$$f(D_1+D_2)+D_2 f'(D_1+D_2)=0 \qquad (2)$$

によって決定せられることとなる。

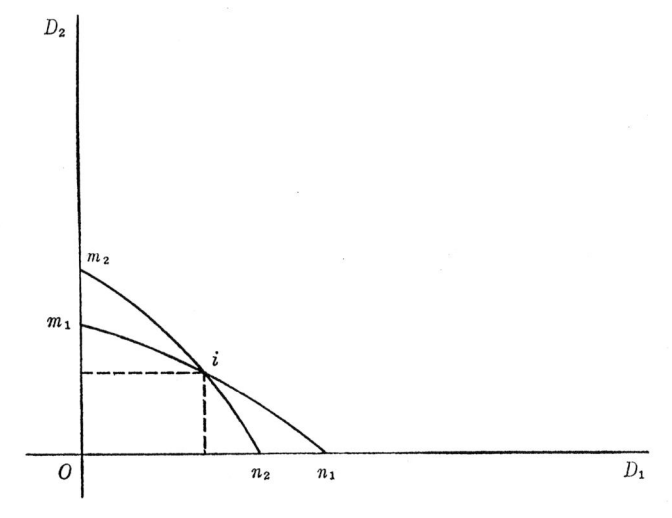

第 3 図

曲線 $m_1n_1$（第2図）を方程式(1)の表わす曲線とし，また曲線 $m_2n_2$ を方程式(2)のそれとする，ただし変数 $D_1$ および $D_2$ は直角座標によって表わされるのである。いま所有者(1)が $D_1$ に対して $Ox_\prime$ によって表わされる値をとるものとすれば，所有者(2)は $D_2$ に対して $Oy_\prime$ をとるであろう。それは仮定された $D_1$ の値に顧みて，かれに最大の利益をもたらすべき値である。しかしこうなれば，生産者(1)は同様の理由によって，$D_1$ に対して $D_2$ の値が $Oy_\prime$ なるとき最́大́の利益を与うる値 $Ox_{\prime\prime}$ をとらざるをえないこととなるべく，これはさらに生産者(2)をして $D_2$ に対する値 $Oy_{\prime\prime}$ にいたらしめるであろう。以下同断である。このことから，均衡はただ交点 $i$ の座標 $Ox$ および $Oy$ が $D_1$ および $D_2$ の値を表わすときにのみ確立せられることは明白である。図において $i$ 点の反対側の点について同様の作図を繰り返しても同一の結果に導かれる。

ゆえに $Ox$ および $Oy$ なる一組の値に応ずる均衡状態は安́定́である。すなわちたといずれかの所有者がその真の利害を誤解して一時的にこれを離れても，その所有者は常にその振幅を減ずる幾多の反動によってこれに引きもどされることとなる。図の点線は階段的な構成によってこれを表現するものである。

前頁の作図は $Om_1 > Om_2$ および $On_1 < On_2$ を仮定する。もしこれらの不等式がその符号を変ずるときは，すなわち曲線 $m_1n_1$ および $m_2n_2$ が第3図の示す位置をとるときは，その結果はまったく反対となる。この場合には2曲線の交点 $i$ の座標は，もはや安定なる均衡状態に応ずるものではない。しかしかかる曲線の位置が認めがたきものなることは，容易に立証しうる。実際いま $D_1 = 0$ とすれば方程式(1)および(2)は簡約せられて第一のものは

$$f(D_2) = 0$$

また第二のものは

$$f(D_2) + D_2 f'(D_2) = 0$$

となるであろう（数学注17）。

第一より得られる $D_2$ の値は $p = 0$ に応ずべく，また第二より得られる $D_2$

の値は $p=0$ に応ずべく，また第二より得られる $D_2$ の値は収益 $pD_2$ を極大ならしむべき $p$ の値に応ずる。ゆえに第一の根は，必然的に第二のものよりも大である，あるいは $Om_1 > Om_2$，また同一の理由によって $On_2 > On_1$。

## 44

方程式(1)および(2)からわれわれはまず $D_1 = D_2$ を得べく，（それは2鉱泉の性質ならびに位置が同様なるものと想像せられる限りまさにしかるべきところである）したがってまたこれを加えて

$$2f(D) + Df'(D) = 0$$

を得る。この方程式は変形して

$$D + 2p\frac{dD}{dp} = 0 \tag{3}$$

とすることができる（数学注18）。しかるに二つの鉱泉が同一の所有者に属するか，あるいはまた2所有者が妥協している場合には，$p$ の値は方程式

$$D + p\frac{dD}{dp} = 0 \tag{4}$$

によって決定せられたはずであって，それは総所得 $Dp$ を極大にすべく，したがってまた方程式 (3) の与える $p$ の値によって獲られる収益よりは，より大なる収益を各所有者に与えたに相違ない。

しからば生産者は，なにゆえに互いに妥協して，独占あるいは企業合同の場合のごとく，事実おのおのに最大の収益を与うべき方程式 (4) から得られる $p$ の値にとどまることをしないか。

その理由は，生産者(1)がその生産を方程式(4)および $D_1 = D_2$ なる条件の命ずるところによって定めるとしても，他のものは自らの生産をより大なるあるいはより小なる割合に定めて，一時の利益をあげうることにある。もちろんその生産者は，まもなくその過失を罰せられるであろう。なんとなればかれは，第

第 4 図

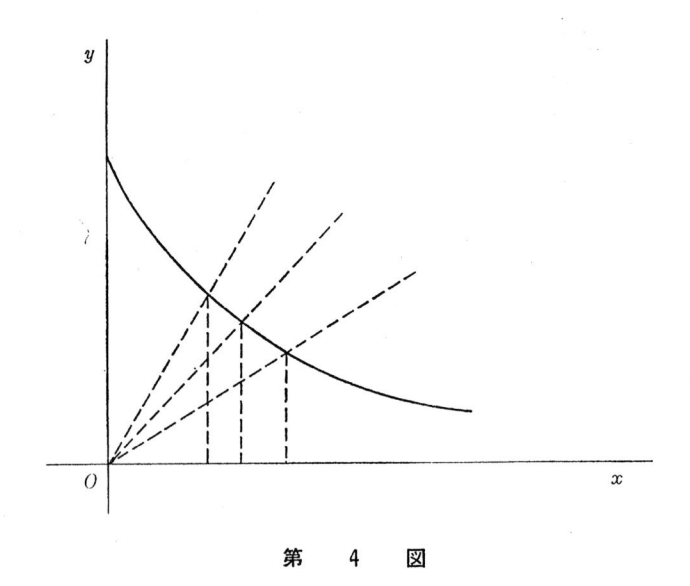

一の生産者をしてやむなく新たなる生産規模を採用すべく強制するものであって，それは生産者(2)自らに不利益なる反動を及ぼすからである。しかしこれらの継続して起こる反動は，両生産者を元の〔独占の〕状態に引きもどさないのはもちろん，かえってますますそれから離していくものである。換言すれば，上の状態は安定なる均衡状態ではない。それは両生産者にとって最も利益なる状態ではあるが，ただ公式の契約によってのみ維持せられうるものにすぎない。けだし精神界において人間が過失および先見の欠如なきを保しがたきは，物理界において完全なる剛体あるいは完全に確定的なる静止等を考ええざると一般だからである。

45

図解すれば方程式(3)の根は直線 $y = 2x$ と曲線 $y = -\dfrac{F(x)}{F'(x)}$ との交点によって定められ（数学注19），他方，方程式(4)の根は，図解すれば後の曲線と直

## 第7章　生産者の競争について

線 $y = x$ との交点によって示される。しかしいま関数 $y = -\dfrac{F(x)}{F'(x)}$ について，$x$ の実にして正なる一切の値に対して，同じく実にして正なる値を付与しうるものとすれば（数学注20），第一の交点の横座標 $x$ は第二のそれよりも小なること，第4図の簡単なる作図が十分に立証するとおりである。またこの結果に対する条件が，需要法則の性質そのものから常に実現せられることも容易に証明せられる。したがって方程式(3)の根は常に方程式(4)のそれよりも小である。すなわち（何人もなんらの解析を用いずして信ずるごとく）競争の結果は価格を減少せしめるのである。

## 46

もし $3, 4, \cdots\cdots, n$ の生産者がすべて同一の事情の下に競争するものとすれば，方程式(3)は順次に次のもの

$$D + 3p\dfrac{dD}{dp} = 0, \quad D + 4p\dfrac{dD}{dp} = 0, \quad \cdots\cdots, \quad D + np\dfrac{dD}{dp} = 0$$

に代えらるべく，またこれより生ずる $p$ の値は，数 $n$ の無限の増加に従って，無限に減少することになる。

以上のすべてにおいては，各自の生産能力の自然的限界は，生産者がおのおの最も有利とする生産高を選ぶことを妨げないものと仮定せられている。今やわれわれは，この状態にある生産者のほかになお，その生産能力の限界に達したる若干を認め，かつこの部類の総生産高を $\varDelta$ とする。しからばわれわれは依然として $n$ 個の方程式

$$\begin{cases} f(D) + D_1 f'(D) = 0 \\ f(D) + D_2 f'(D) = 0 \\ \quad\cdots\cdots\cdots\cdots\cdots\cdots\cdots \\ f(D) + D_n f'(D) = 0 \end{cases} \quad (5)$$

を得べく（数学注21），それは $D_1 = D_2 = \cdots = D_n$ を与え，またこれを加うれば

$$nf(D)+nD_1f'(D)=0$$

となるであろう。しかし $D=nD_1+\varDelta$ である。ゆえに

$$nf(D)+(D-\varDelta)f'(D)=0$$

または

$$D-\varDelta+np\frac{dD}{dp}=0$$

となる。

この最後の方程式こそ，今や方程式(3)に代わって，$p$ したがってまた $D$ の値を決定するものである。

### 47

各生産者が，関数 $\varphi_1(D_1),\varphi_2(D_2),\dots\dots,\varphi_n(D_n)$ によって表わされる生産費を負担するものとすれば，方程式(5)は

$$\begin{cases} f(D)+D_1f'(D)-\varphi_1'(D_1)=0 \\ f(D)+D_2f'(D)-\varphi_2'(D_2)=0 \\ \dots\dots\dots\dots\dots\dots\dots\dots\dots\dots\dots\dots \\ f(D)+D_nf'(D)-\varphi_n'(D_n)=0 \end{cases} \quad (6)$$

となるであろう（数学注22）。

いまこれらの方程式の任意の二つを減算によって結合すれば，すなわちたとえば第一より第二を減ずれば，それは

$$D_1-D_2=\frac{1}{f'(D)}[\varphi_1'(D_1)-\varphi_2'(D_2)]=\frac{dD}{dp}[\varphi_1'(D_1)-\varphi_2'(D_2)]$$

となる。

係数 $\frac{dD}{dp}$ はその性質上負数なるがゆえに（数学注23），われわれはここで同時に

$$D_1 \gtreqless D_2 \quad \text{および} \quad \varphi_1'(D_1) \lesseqgtr \varphi_2'(D_2)$$

を得る。

かくて，B設備の生産量の増加がA設備における同量の生産よりも大なる出

## 第7章 生産者の競争について

費を要する場合には，Aの生産量は，常にBの生産量よりも大なることとなる。

観念を定めるために，若干の炭坑が互いに競争して同一市場に供給する場合を想像し，また安定なる状態においてはA坑山は年々2万ヘクトリットルを，またB坑山は1万5,000ヘクトリットルを市場に出すものとする。しからばわれわれはB坑山がこのうえ1,000ヘクトリットルを生産し，かつこれを市場にもたらすに要する費用の増加は，A坑山の生産高において同じく1,000ヘクトリットルの増加をもたらす場合よりも大なることを確信しうるであろう。

もっともこれはより低き生産の限界においては，A坑山の生産費がB坑山のそれを超過することを妨げない。たとえばおのおのの生産が1万ヘクトリットルに減少せられる場合には，Bの生産費がAのそれよりも小なることが起こりうるのである。

## 48

方程式(6)を合計すればわれわれは

$$nf(D)+Df'(D)-\Sigma\varphi_n'(D_n)=0$$

または

$$D+\frac{dD}{dp}[np-\Sigma\varphi_n'(D_n)]=0 \qquad (7)$$

を得る（数学注24）。

いまこの方程式を次の方程式

$$D+\frac{dD}{dp}[p-\varphi'(D)]=0 \qquad (8)$$

すなわちすべての生産設備が1人の独占者に属する場合に $p$ の値を定める方程式に比較すれば，われわれは一方において $p$ 項に対して $np$ 項の代わることは $p$ の値を減少する傾きがあることを認める（数学注25）。が他方において $\varphi'(D)$ 項に対する $\Sigma\varphi_n'(D_n)$ 項の代置は，これを〔すなわち $p$ の値を〕増加することを認めるであろう。けだし常に

$$\Sigma\varphi_n{}'(D_n) > \varphi'(D)$$

が成立すべく，また実際ひとり $\varphi_n{}'(D_n)$ 項の合計が $\varphi'(D)$ より大なるにとどまらず，これらの諸項の平均さえも $\varphi'(D)$ より大なるがゆえである。すなわち不等式

$$\frac{\Sigma\varphi_n{}'(D_n)}{n} > \varphi'(D)$$

が成立するがゆえである。

　これを確かめるためには，単に次のことを考察すればいい。すなわち生産設備の独占を保持する資本家は，その中の最も廉価なる設備を選んで働かせ，他の設備は必要に応じてその活動を休止することができる。しかるに最も不利益なる競争者は，いかに小なりとも利益の得られる限りは，その設備を遊ばせる

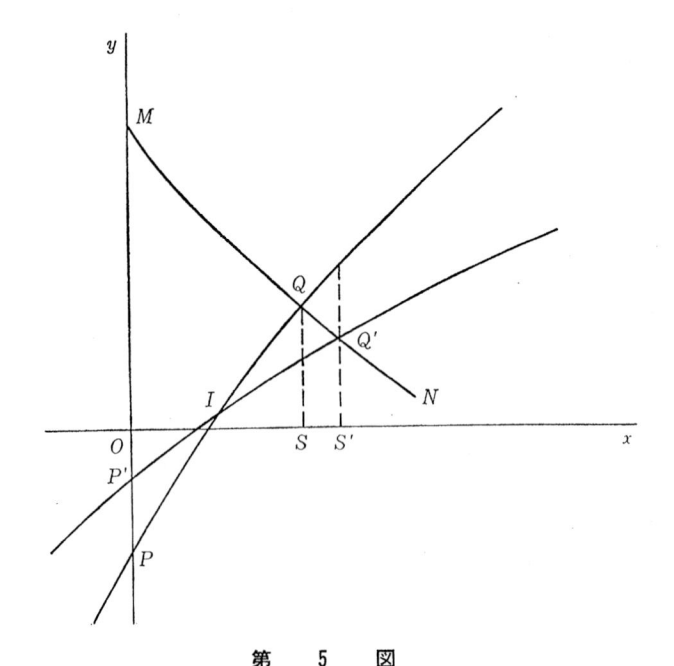

第　5　図

## 第7章 生産者の競争について

決心を固めえないであろう。したがって $p$ の同一の値については，すなわち同一の生産総量については，競争生産者に対する生産費のほうが常に独占の場合における生産費よりも大なることとなる。

そこで最後に証明すべきものは，方程式(8)より得られる $p$ の値が，常に方程式(7)より得られる $p$ の値よりも大なることである。

これについてわれわれはまず，もし $\varphi'(D)$ なる表現において $D=F(p)$ の値を代入すれば $\varphi'(D)$ を関数 $\psi'(p)$ に転換しうべく（数学注26），また合計記号 $\Sigma\varphi_n'(D_n)$ に入り来る各項も $D=F(p)$ なる関係および連立方程式(6)によって $p$ の陰関数と考えうることを見る。したがって方程式(7)の根は曲線

$$y=-\frac{F(x)}{F'(x)} \tag{a}$$

と曲線

$$y=nx-[\psi_1(x)+\psi_2(x)+\cdots\cdots+\psi_n(x)] \tag{b}$$

との交点の横座標なるべく（数学注27），他方，方程式(8)の根は，曲線 $(a)$ と方程式

$$y=x-\psi(x) \tag{b'}$$

によって表わされる曲線との交点の横座標となるであろう。

すでに述べたごとく，方程式 $(a)$ は曲線 $MN$（第5図）によって表わされ，その縦座標は常に実にして正である。よってわれわれは，曲線 $PQ$ をもって方程式 $(b)$ を，また曲線 $P'Q'$ をもって方程式 $(b')$ を表わすこととする。しからば上に証明したる関係式，すなわち

$$\Sigma\psi_n(x) > \psi(x)$$

によって，$x=0$ なる値に対しては $OP>OP'$ を見いだすこととなる（数学注28）。証明すべきものは，曲線 $P'Q'$ は曲線 $PQ$ と $MN$ の下方にある点 $I$ において交わるべく，したがって点 $Q'$ の横座標は点 $Q$ のそれよりも大なるべきことである。

これは畢竟 $Q$ および $Q'$ 点における曲線$(b)$の縦座標は，同一の横座標に応ずる曲線 $(b')$ の縦座標よりも大なることを証明することとなる。

これをしからずと仮定しよう。しからば
$$x-\psi(x)>nx-[\psi_1(x)+\psi_2(x)+\cdots+\psi_n(x)]$$
あるいは
$$(n-1)x<\psi_1(x)+\psi_2(x)+\cdots+\psi_n(x)-\psi(x)$$
とならねばならない。この場合 $\psi(x)$ の大いさは
$$\psi_1(x),\ \psi_2(x),\ \cdots\cdots,\ \psi_{n-1}(x),\ \psi_n(x)$$
の諸項の最大と最小との中間にある。もし$\psi_n(x)$をもってこの系列の最小項を表わすものとすれば，上の不等式から次の不等式
$$(n-1)x<\psi_1(x)+\psi_2(x)+\cdots\cdots+\psi_{n-1}(x)$$
が出てくることになろう。

ゆえに$x$は，この不等式の右辺によってその合計を与えられる$n-1$項の平均値よりも小なるべく，またこれらの諸項の若干は$x$よりも大なることとなる。しかしこれは不可能である。けだしたとえば生産者$(k)$は，$p$が $\phi_k'(D_k)$ あるいは $\psi_k(p)$ より小となれば直ちに生産〔の拡張〕を中止するからである（数学注29）。

**49**

ゆえにもし方程式(6)が
$$D_1+D_2+\cdots\cdots+D_n=D \quad および \quad D=F(p) \qquad (9)$$
なる関係式と結合して与える$p$の値が，不等式
$$p-\varphi_k'(D_k)<0$$
を導くことありとすれば，方程式
$$f(D)+D_kf'(D)-\varphi_k'(D_k)=0$$
は，これを方程式(6)から除去して

## 第7章 生産者の競争について

$$p - \varphi_k'(D_k) = 0$$

に代えることを要する。これは $D_k$ を $p$ の関数として決定する方程式である。(6)の残余の方程式は,方程式(9)と結合して問題の他の未知数を決定するであろう。

# 第8章
# 無制限の競争について

**50**

各部分生産量 $D_k$ が，単に総生産 $D=F(p)$ に関してのみならず，その微係数 $F'(p)$ に関してもまた目だたざる大いさとなって，部分生産量 $D_k$ を $D$ より控除しても商品の価格に現われる変動を認めがたきにいたれば，競争の作用はその極限に達したものである。この仮説は，社会経済においては多数の生産物について，しかもそのうち最も重要なる生産物について，実現せられる。それは計算をきわめて簡単ならしめる，しかしてその帰結を展開することこそ，本章の志すところである。

仮定によって，方程式

$$D_k+[p-\varphi_k{}'(D_k)]\frac{dD}{dp}=0$$

における $D_k$ 項は，これを無視しても大過なく（数学注30），よってこの方程式は

$$p-\varphi_k{}'(D_k)=0$$

に簡約しうる。

したがって前章の連立方程式(6)は

## 第8章 無制限の競争について

$$p-\varphi_1'(D_1)=0, \quad p-\varphi_2'(D_2)=0, \quad \cdots\cdots, \quad p-\varphi_n'(D_n)=0 \qquad (1)$$

に置き換えられるであろう。

これら $n$ 個の方程式は

$$D_1+D_2+\cdots\cdots+D_n=F(p) \qquad (2)$$

と結合して、すべての未知数 $p$ および $D_1, D_2, \cdots\cdots, D_n$ を決定することとなる。

いま(1)のすべての方程式が、未知数 $D_1, D_2, \cdots\cdots D_n$ に関して解かれたものとすれば、方程式(2)の左辺は $p$ の関数となるべく、これは $\Omega(p)$ によって表わしうるがゆえに、この方程式はきわめて簡単なる形に書くことができる。

$$\Omega(p)-F(p)=0 \qquad (3)$$

この仮定においては、関数 $\varphi_k'(D_k)$ は、$D_k$ と共に増加するものと考えねばならない。しからざれば生産物の総価値

$$pD_k=D_k\varphi_k'(D_k)$$

は生産費たる

$$\varphi_k(D_k)=\int_0^{D_k}\varphi_k'(D_k)dD_k$$

よりも、小とならざるをえないからである。

さらに無制限の競争の仮定において、同時にまた関数 $\varphi_k'(D_k)$ が減少関数なるべき場合には、商品の生産になんらの極限の存しないことは明白である。かくて私有財産に対して収益が与えられる場合、あるいは、その運用には $\varphi_k'(D_k)$ が減少関数なるがごとき種類の費用を要する設備に対して収益が与えられる場合というのは、常に、独占の作用がまったく消滅していないか、または競争の程度が十分大ならざるために、各個の生産者の生産高が、その商品の総生産高および価格にかなりの程度まで影響することを示しているのである。

そこですべて関数 $\varphi_k'(D_k)$ は $D_k$ と共に増加するものと想像せられるゆえに、方程式 $p=\varphi_k'(D_k)$ より得られる $D_k$ の表式は、それ自ら $p$ の関数であり、$p$ と共に増加するものである。ゆえにわれわれが $\Omega(p)$ をもって表わした

関数もまた，必ず $p$ と共に増加するものでなければならない。

51

これが確立せられたりとして，次に関数 $\varphi_k{}'(D_k)$ のすべてが，商品に対する従量税設定の場合の結果のように，$u$ なる量だけ増加したりとすれば，方程式(3)は
$$\Omega(p-u)=F(p) \tag{4}$$
によって置き換えられるであろう。

第6図 $MN$ をもって $y=F(p)$ なる方程式を表わす曲線とする。この曲線の特徴は，その正接が常に正の横軸 $p$ に対して鈍角をなすこと，換言すれば微係数 $F'(p)$ の値が常に負なることにある。

$PQ$ をもって $y=\Omega(p)$ なる方程式の表わす曲線とする。この曲線の特徴は，

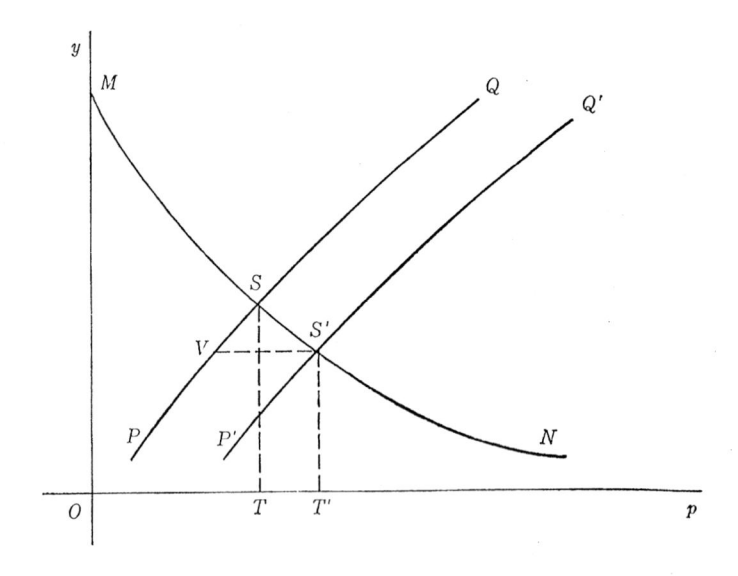

第 6 図

## 第8章 無制限の競争について

すでにわれわれの見たるごとく,上と反対にその正接が常に正の横軸に対して鋭角をなすことにある。最後に $P'Q'$ をもって

$$y=\Omega(p-u)$$

なる方程式の表わす曲線とする。この曲線は次の条件によって曲線 $PQ$ と関係する。すなわち横軸に平行なるすべての直線がこれら2曲線によって切られる部分,たとえば $VS'$ のごとき部分が,ことごとく $u$ に等しきことこれである。しからば横座標 $OT$ および $OT'$ は,それぞれ方程式(3)および(4)の根を示すこととなる。われわれはこれらの根を $p_0$ および $p'$ と表わしうるであろう。しかし曲線 $MN$ の形によれば,常に $OT'>OT$ なるべく,あるいは $p'>p_0$ し たがって生産費の増加は,常に商品価格の騰貴をもたらすことは明白である。また同様に,曲線 $PQ$ および $P'Q'$ の形によれば $TT'$ は常に $VS'$ よりも小なること,あるいは $p'-p_0<u$ すなわちあらゆる場合に価格の騰貴は生産費の増加よりも小なることが明白である。

図においては曲線 $PQ$ および $P'Q'$ は,$y$ 軸に対して凸であると仮定せられている。しかし曲線がこの軸に対して凹であるとしても作図の結果は同一である。

いま問題としている定理の証明は,代数的形においても与えうる。ただしこの場合には,まず証明を容易にするために,増分 $u$ および差 $p'-p_0=\delta$ をいずれもきわめて小なるものとして,したがってその2乗以上の高冪は無視しうるものと考える必要がある。かようにすれば方程式(4)は

$$(\delta-u)\Omega'(p_0)=\delta F'(p_0)$$

となる(数学注31)。

ところが $\Omega'(p_0)$ は正であり,また $F'(p_0)$ は負なるがゆえに,$\delta$ は $\delta-u$ と符号を反対にする。そうしてそれは二つの条件

$$\delta>0 \quad \text{および} \quad \delta<u$$

を意味するものである(数学注32)。

しかのみならず，この証明は，第32節の説明によって，$u$ および $\delta$ のいかなる値に対してもこれを拡張しうる。

曲線 $MN$ が横軸に平行なる直線に近づけば近づくほど，あるいは価格による消費量の変動が小なれば小なるほど，$p'-p_0$ の差はいよいよ $u$ に近づくべきことは明白である。

このことから，さらに商品の負担する生産費は，たとえそれが生産者の手を離れたる後に生ずるものといえども，なお常に生産者の受け取る価格を減少することとなる。

## 52

生産者ならびに消費者の利害に関するこの変動の影響を計算するためには
$$[\varphi_k{}'(D_k)]_0 = p_0 \quad \text{および} \quad [\varphi_k{}'(D_k)]' = p'-u$$
となることに注意せねばならない。ただし
$$[\varphi_k{}'(D_k)]_0 \quad \text{および} \quad [\varphi_k(D_k)]'$$
は，生産費における $u$ なる増加の前後における $D_k$ の値に応ずるものである。しかるに
$$p'-u < p_0$$
であり，したがって
$$[\varphi_k{}'(D_k)]' < [\varphi_k{}'(D_k)]_0$$
である。またさらに $\varphi_k{}'(D_k)$ は変数 $D_k$ と共に増加する $D_k$ の関数であるから
$$[D_k]' < [D_k]_0$$
である。したがって収益 $(p'-u)[D_k]'$ はなおさら $p_0[D_k]_0$ よりも小である。

これより，生産費 $u$ の増加の結果，生産者 ($k$) の失うところは，

1) 生産量 $[D_k]'$ に対して価格 $p_0$ と価格 $p'-u$ との差，あるいは
$$(p_0 - p' + u)[D_k]'$$

### 第8章　無制限の競争について

2) 生産費の増加のために減少したる生産量 $[D_k]_0-[D_k]'$ について従来得ていた純益，あるいは

$$p_0\{[D_k]_0-[D_k]'\}-\{[\varphi_k(D_k)]_0-[\varphi_k(D_k)]'\}$$

である。ゆえにかれのこうむる損失の合計は

$$p_0[D_k]_0-(p'-u)[D_k]'-\{[\varphi_k(D_k)]_0-[\varphi_k(D_k)]'\}$$

となる。

この損失は，その積分が $\varphi_k(D_k)$ をもって表わされる関数 $\varphi_k'(D_k)$ が定積分の限界内において，より速かに増加すればするほど，いよいよ小となるであろう。

多数の生産者がこうむる総損失は，ゆえに

$$p_0D_0-(p'-u)D'-\Sigma\{[\varphi_k(D_k)]_0-[\varphi_k(D_k)]'\}$$

となる。ただし符号 $\Sigma$ は指数 $k$ に関する合計を示すものである。

同一の式は次の形

$$uD'+p_0D_0-p'D'-\Sigma\{[\varphi_k(D_k)]_0-[\varphi_k(D_k)]'\}$$

と置くことができる。けれども第38節における類似の場合のごとく，この大いさが，$u$ をもって商品に課せられたる従量税とする場合に租税の収入を表わすところの $uD'$ より大なることは証明しえない。反対に $(D_k)_0>(D_k)'$ より，われわれは常に

$$[\varphi_k(D_k)]_0>[\varphi_k(D_k)]'$$

を得べく，この場合さらに $p'D'>p_0D_0$ すなわち $p_0$ の値が $pD$ を極大ならしめる値 (第24節参照) よりも小なりとすれば，生産者のこうむる損失合計は，必然的に $uD'$ よりも小となるであろう。

価格の騰貴を顧みずにこの商品を買う消費者がこうむる損失は

$$(p'-p_0)D'$$

に等しく，単にこの損失のみをもっても租税の収入 $uD'$ よりも小であろう。けだし常に $p'-p_0<u$ なるがゆえである。

商品に課せられる税が，従量税にあらずして売価に比例的なる税 $np$ なる場合，あるいはかかる租税と等しく作用する新生産費項目がその商品にかかる場合（第41節参照）には，方程式

$$p-\varphi_k{}'(D_k)=0$$

は

$$p-\varphi_k{}'(D_k)-\frac{d[np\cdot D_k]}{dD_k}=0 \tag{5}$$

に置き換えられるであろう（数学注33）。

示されたる微分を実行すれば，この方程式は

$$p-\varphi_k{}'(D_k)-np-nD_k\frac{dp}{dD_k}=0$$

となるべく，また無制限競争の前提に従って $D_k$ は総生産高 $D$ に対してはきわめて微小部分であり $\frac{dp}{dD_k}$ も同様にきわめて小なる，したがって無視しうる大いさであるとすれば（数学注34），これは，より簡単に

$$p(1-n)-\varphi_k{}'(D_k)=0$$

となる。したがってわれわれは方程式(3)に代えて，

$$\Omega[(1-n)p]-F(p)=0 \tag{6}$$

を得る（数学注35）。すなわち，かかる租税による価格の騰貴は，その商品の生産および配給に要する一切の費用が $1:\dfrac{1}{1-n}$ の比例をもって増加したる場合と同様であって，この結果たる，われわれが独占の場合に得たるところと全然同一である。かくてこの種の租税は，各生産者の負担すべき費用が大となればなるほど，各生産者に対する影響を大にするものである。

商品に課せられたるものが，かつてスペインの政府がアメリカの金銀鉱に課したる租税のごとく，生産高に比例する十分の一税あるいは物納税なる場合においても，同一のことがいわれねばならない。けだし $n$ をもって，政府が賦課する量の総生産高に対する比率とし，また租税はその商品の消費法則を変更し

第8章　無制限の競争について

ないものという自然的な仮定に立てば，方程式(5)および(6)は，この仮定〔の場合〕に対してもまた適用しうるのである。

## 54

われわれは，特に1人の生産者を考察し，その生産量は $D_k$ によって表わされるものとする。しからばこの生産者の純収入あるいはその生産設備の収益（この場合企業者に対する報酬は生産費の中に含まれる）は

$$pD_k - \int_0^{D_k} \varphi_k'(D_k) dD_k \tag{7}$$

の値をとるべく（数学注36），また $p$ に対してその値 $\varphi_k'(D_k)$ を代入すれば

$$\varphi_k'(D_k)D_k - \int_0^{D_k} \varphi_k'(D_k) dD_k \tag{8}$$

となるであろう。これは純収益あるいは所得の貨幣における表現である。がもし収益の物的表現，あるいはその価値が所有者ないし生産者（$k$）の純収益を表わすべき生産商品量の物的表現を欲する場合には，上の式を $p=\varphi_k'(D_k)$ をもって除すればよい。しからばそれは

$$D_k - \frac{1}{\varphi_k'(D_k)} \int_0^{D_k} \varphi_k'(D_k) dD_k \tag{9}$$

となるであろう。ただし関数 $\varphi_k'(D_k)$ は $D_k$ と共に増加するものなることを忘れてはならない。

$p$ したがってまた $D_k$ が増加するときは，他の事情等しき限り，貨幣収益の増加すべきことは明白である。けれども，実物における収益に関してはこのことはそれほど明白ではない。いなそれは従来経済学者の否定さえしているところである。しかしいま式(9)を極大または極小ならしめる $D_k$ の値を決定するために，この式を $D_k$ に関して微分し，その微係数を零に等しと置けば，減算

の結果（数学注37），

$$\frac{d\varphi_k{}'(D_k)}{dD_k}\int_0^{D_k}\varphi_k{}'(D_k)dD_k=0$$

またはさらに簡単に

$$\frac{d\varphi_k{}'(D_k)}{dD_k}=0$$

となる。この条件は，関数 $\varphi_k{}'$ がその性質上常に $D_k$ と共に増加する限り満足せられない。したがって方程式(9)はいかなる〔極大または〕極小値をもとりえない。そうしてそれは明らかに増加関数として始まるがゆえに，また絶えず $D_k$ と共に増加しなければならないのである。

　もろもろの生産費が特に生産者( $k$ )に対して下落して，これがその商品の生産総量ないし価格に大なる影響なしとすれば，かれの収益は増加するであろう。けれども，生産費の減少が一切の生産者について起こる場合には，その結果たる商品価格の下落は，かえって各個の生産者の所得あるいは収益を減少することがある。

# 第9章
# 生産者の相補関係について


## 55

　最初の生産者の手を離れた状態そのままで消費せられる財貨はほとんどない。通常は同一の原料がより直接に消費に適する多くの異なる生産物の製造に使用せられ，また逆にこれら各生産物の製造には数種の原料が同時に用いられるのである。いうまでもなくおのおのの原料生産者は，その事業から可能なる最大の利益を得るように努めねばならない。ここにおいて，生産者の全体が最終生産物の消費法則に基づいてあげる利益が，いかなる法則に従って種々の生産者間に分配せられるかを研究することが，必要となるのである。この簡単なる序説はわれわれが異なる商品生産者の相補関係（concours）の影響においてなにを意味するかを明らかにするに十分であろう。この影響は前2章に分析したる同一商品生産者の競争（concurrence）のそれとはこれを混同してはならない。

　簡単より複雑へ秩序を立てて進まんがために，われわれは(a)(b)二つの商品を想像し，それらは結合して合成商品（ab）の生産に用いられる以外に，なんらの用途をも有しないものとする。まずわれわれはこれら原料のおのおのはそれぞれ生産費を要せざるものとし，またこれらを加工する費用，あるいは合成商品の製造に要する費用を考慮しないこととする。

単に説明の便宜よりすれば，われわれは銅，亜鉛および真鍮をこの例とすることができる。ただし，それは銅および亜鉛が結合してその合金たる真鍮をつくるに用いられる以外には他の用途を有せず，また銅および亜鉛の生産費ならびに合金の製造費用は共に無視しうるという架空の仮定の下においてである。

$p$ は真鍮1キログラムの価格，$p_1$ は銅1キログラムの価格，$p_2$ は亜鉛1キログラムの価格なりとし，または $m_1:m_2$ は真鍮における銅と亜鉛の比例とする。しからば仮定によって

$$m_1 p_1 + m_2 p_2 = p \tag{a}$$

である。

一般に $p, p_1, p_2$ を合成商品(ab)および組成商品(a)(b)に対する商品の単価とし，また $m_1, m_2$ を合成商品の1単位の製造に用いられる各組成商品の単位数ないし単位の分数とする。

さらに

$$D = F(p) = F(m_1 p_1 + m_2 p_2)$$

を合成商品に対する需要とし，また

$$\begin{cases} D_1 = m_1 F(m_1 p_1 + m_2 p_2) \\ D_2 = m_2 F(m_1 p_1 + m_2 p_2) \end{cases} \tag{b}$$

を各組成商品に対する需要とする。われわれがいま，これらのおのおのは独占者によって生産せられるものと想像して，生産者の相補関係の理論に競争作用の分析に用いたると同一の推理を適用すれば，われわれは $p_1$ および $p_2$ の値が次の二つの方程式

$$\frac{d(p_1 D_1)}{dp_1} = 0 \quad \text{および} \quad \frac{d(p_2 D_2)}{dp_2} = 0$$

によって決定せられることを認める。これを展開すれば

$$\begin{cases} F(m_1 p_1 + m_2 p_2) + m_1 p_1 F'(m_1 p_1 + m_2 p_2) = 0 & (1) \\ F(m_1 p_1 + m_2 p_2) + m_2 p_2 F'(m_1 p_1 + m_2 p_2) = 0 & (2) \end{cases}$$

第9章　生産者の相補関係について

となるべく（数学注38），これらの方程式より生ずる1組の値のみが，安定なる均衡状態と両立しうるものである。

## 56

この命題を証明するには，曲線 $m_1n_1$ および $m_2n_2$ が（変数 $p_1$ および $p_2$ をもって直角座標を表わすものと仮定すれば，これらの曲線は方程式(1)および(2)の作図である）第7，第8図に示されたる位置のいずれかをとることを示せば十分である。けだしこれが許容せられれば，われわれは第7章におけるがごとく，また各図形に点線をもって十分に示されている同一の作図によって，交点 $i$ の座標（あるいは方程式(1)および(2)の根）が安定なる均衡状態と両立しうる唯一の $p_1, p_2$ の値なることを証明しうるからである。

われわれは $p_2$ が零に等しきときは，$p_1$ は有限の値 $Om_1$ すなわち収益 $p_1F(m_1p_1)$ を極大ならしめる値をとることを認める。したがって $p_2$ が増加するときは，生産者(2)に最大の利益をもたらすべき $p_1$ の値は，続けて増加することもあり（第7図の場合），あるいは減少することもある（第8図の場合）。しかし後の仮定の下においてもそれが全然零に等しくなることはない。いずれの場合が起こるかは，関数 $F$ の形によるものであり，また

$$\frac{[F'(p)]^2-F(p)F''(p)}{2[F'(p)]^2-F(p)F''(p)} \gtreqless 0$$

のいかんによるものである（数学注39）。ただし，この不等式において，$p$ は方程式 $(a)$ によって定められる $p_1$ および $p_2$ の関数である。

しかし方程式(1)(2)および上の不等式は $m_1p_1$ および $m_2p_2$ に関して対称である。ゆえにもし関数 $F$ が，曲線 $m_1n_1$ の縦座標 $p_2$ が $p_1$ の値の増加に伴って増加し続けるがごとき形をとるときは，曲線 $m_2n_2$ の横座標 $p_1$ は $p_2$ の値の増加に伴って増加を継続すべく，したがって二つの曲線は第7図に示された位置をとることになる。またこれに反して，曲線 $m_1n_1$ の縦座標 $p_2$ が $p_1$ の

第 7 図

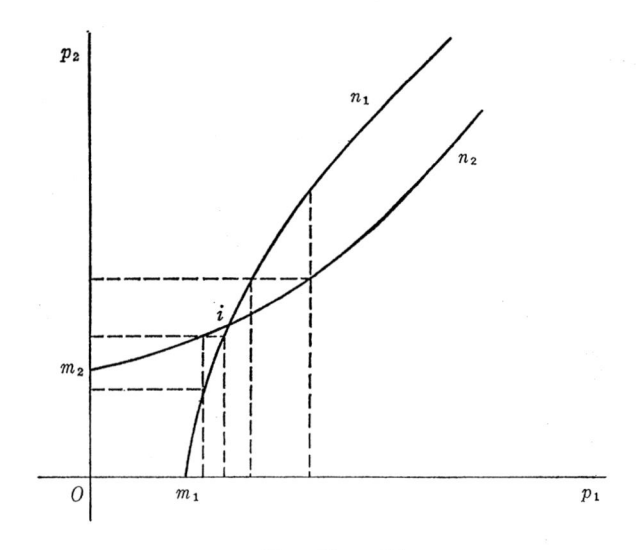

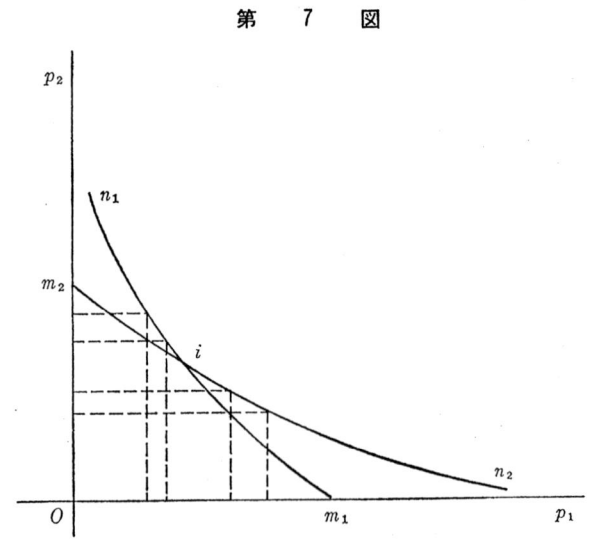

第 8 図

## 第9章 生産者の相補関係について

値の増加に伴って減少するときは，曲線 $m_2n_2$ の横座標 $p_1$ も同様に $p_2$ の値の増加に対して減少を継続すべく，したがってこの場合二つの曲線は第8図に示されたる位置をとるのである。

## 57

上述するところによって，方程式(1)および(2)は確定せられたものと考えうるがゆえに，われわれはまず

$$m_1p_1 = m_2p_2 = \frac{1}{2}p$$

となることを見る。すなわち純粋に抽象的なるこの仮定によれば，収益は2独占者間に平等に分割せられることとなる。また事実，分割が不平等となって甲よりも乙の利益となる理由は毫も存在しないのである。

方程式(1)および(2)を加うれば

$$F(p) + \frac{1}{2}pF'(p) = 0 \qquad (c)$$

となる。しかるにもし2生産者の利害が合致したる場合には，$p$ は $pF(p)$ が極大なるべき条件によって，すなわち方程式

$$F(p) + pF'(p) = 0 \qquad (c')$$

によって定められたはずである。

この相違の正しいことを証明するには，われわれが先に生産者の競争を取り扱いたる場合と全然同一の推理法を用うべきである。

けれども，それには次の根本的なるまた著しき相違がある。すなわち方程式 $(c)$ の根は，常に方程式 $(c')$ の根よりも大であり，したがって合成商品の価格は，独占の結成によってよりもむしろその分割の事実によって，常に高められることこれである。独占者自らの利益のためにするその連合といえども，この場合にはまた消費者の利益となるものであって，これは〔同一商品の〕競争生産者の

場合と全然反対である。

さらに方程式($c$)の根の値が方程式($c'$)のそれよりも大なることは，競争を取り扱える章において反対の結果を樹立するに用いたると同一の図解によって，示すことができる。

いまかかる相補関係に立つ商品の数をただ二つに限らず $n$ とすれば，方程式($c$)は明らかに

$$F(p)+\frac{1}{n}pF'(p)=0$$

に代えられる。これによって，われわれは相補関係に立つ商品の数が多ければ多いほど，独占の分割によって定められる価格は，いよいよ独占の結成ないし独占者の連合より生ずる価格よりも高くなると，結論しなければならない。

## 58

関数 $F$ に対しては，方程式(1)および(2)によって表わされる曲線が交わらないような形を与えることができる。たとえば

$$F(p)=\frac{a}{b+p^2}$$

とすれば，方程式(1)および(2)は

$$b-m_1^2p_1^2+m_2^2p_2^2=0$$
$$b+m_1^2p_1^2-m_2^2p_2^2=0$$

となる。それは二つの共役双曲線(第9図)を表わすものであって，その弧 $m_1n_1$ および $m_2n_2$ は共通の漸近線を有し，したがって交わりえないのである。かかる解析上の特異点については，単にそれが事実上の現象に対してまったく適用を見ないことを述べておけばよい。

また方程式(1)および(2)より得られる $p$ の値，またしたがって $D$ の値が，いずれか一人の生産者の生産能力を超過する場合には，同じ種類の特殊性が現われ

## 第9章 生産者の相補関係について

る。1組成商品の生産においてはやむをえざる限界があるために $D$ が超過しえない極限を $\Delta$ とし，また $D=F(p)$ なる関係によってこれに応ずる $p$ の極限を $\pi$ とする。しからば

$$m_1p_1+m_2p_2>\pi$$

となるであろう，すなわち $p_1, p_2$ を座標とする点は必ず方程式

$$m_1p_1+m_2p_2=\pi$$

の表わす直線 $h_1h_2$ （第10図）の上方になければならない。したがって二つの曲線 $m_1n_1$ および $m_2n_2$ の交わる点 $i$ が直線 $h_1h_2$ の下方に落ちるときは，その座標は $p_1$ および $p_2$ の値たりえないのである。このことから，もし必要ならば次に示した幾何学的作図の助けをかりて，$p_1$ および $p_2$ の値は不定なりという結論を引き出すことができる。それらが従うべき条件は，単に，これらの変数の値を座標とする点は，曲線 $m_1n_1$ および $m_2n_2$ に挟まれたる線分 $k_1k_2$ の上に落ちる，ということのみである。

この不思議な結果は，この研究においてわれわれのあえて論ずるがごとき抽象的仮定より生ずるものである。実際の状態においては，また経済体系の一切の条件を考慮に入れる場合には，いかなる商品も，その価格の完全に決定せられないものはないであろう。

### 59

われわれは進んで2組成商品の生産費を考慮に入れて，これを関数 $\varphi_1(D_1)$ および $\varphi_2(D_2)$ で表わすこととする。しからば $p_1$ および $p_2$ の値は今や二つの方程式

$$\begin{cases} \dfrac{d[p_1D_1-\varphi_1(D_1)]}{dp_1}=0 \\ \dfrac{d[p_2D_2-\varphi_2(D_2)]}{dp_2}=0 \end{cases} \quad (d)$$

第 9 図

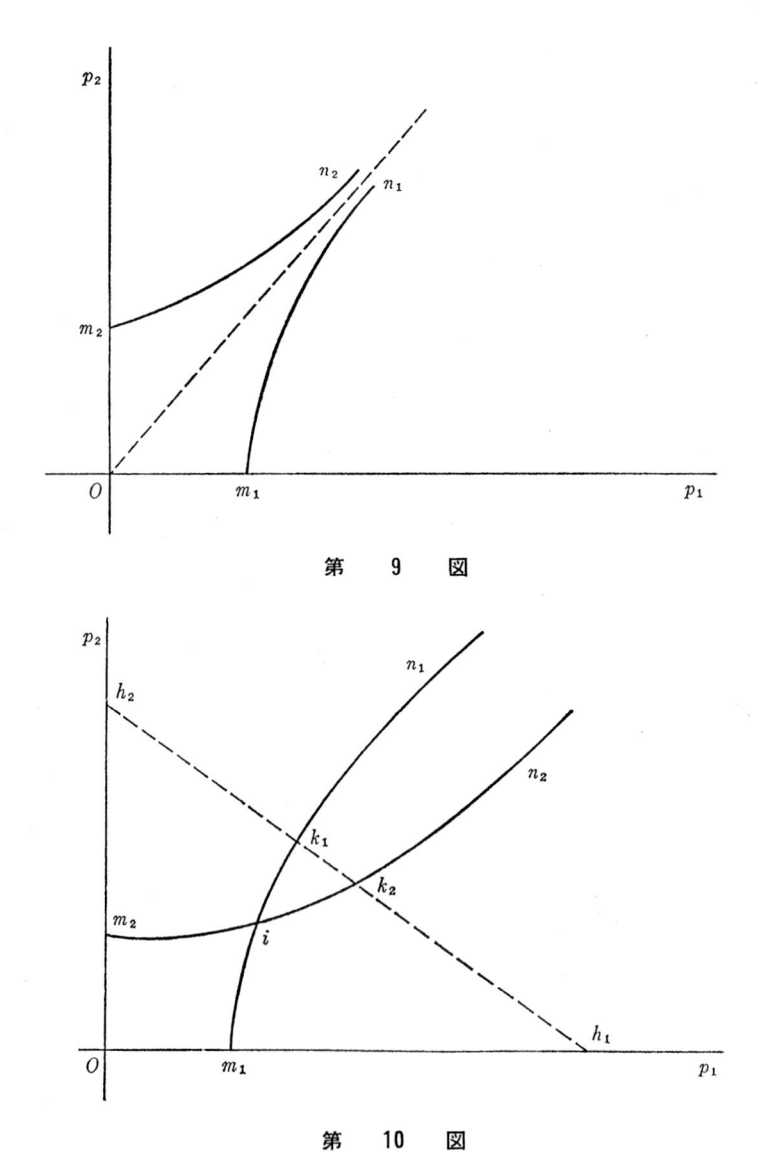

第 10 図

## 第9章　生産者の相補関係について

から得られることとなるべく，それは方程式$(a)$および$(b)$によって

$$F(m_1p_1+m_2p_2)+m_1F'(m_1p_1+m_2p_2)[p_1-\varphi_1'(D_1)]=0 \qquad (e_1)$$

$$F(m_1p_1+m_2p_2)+m_2F'(m_1p_1+m_2p_2)[p_2-\varphi_2'(D_2)]=0 \qquad (e_2)$$

となる（数学注40）。

これよりわれわれは

$$m_1[p_1-\varphi_1'(D_1)]=m_2[p_2-\varphi_2'(D_2)]$$

を得べく，あるいは

$$\frac{m_1}{m_2}=\frac{D_1}{D_2}$$

なる約束によって（数学注41）

$$D_1[p_1-\varphi_1'(D_1)]=D_2[p_2-\varphi_2'(D_2)]$$

を得る。

これによって，もし関数 $\varphi_1'(D_1)$ および $\varphi_2'(D_2)$ が常数となれば（数学注42），2競争生産者の純収益は等しくなるであろう。しかしこれは，関数 $\varphi_1'(D_1)$ および $\varphi_2'(D_2)$ がそれぞれ $D_1$ および $D_2$ に関して変化する一般の場合においては，もはや成り立たない。その場合2生産者の純収益は，

$$D_1\left[p_1-\frac{\varphi_1(D_1)}{D_1}\right] \quad \text{および} \quad D_2\left[p_2-\frac{\varphi_2(D_2)}{D_2}\right]$$

によって表わされる。したがってもしたとえば

$$\varphi_1'(D_1)>\frac{\varphi_1(D_1)}{D_1} \quad \text{および} \quad \varphi_2'(D_2)<\frac{\varphi_2(D_2)}{D_2}$$

なりとすれば，生産者(1)の純収益は生産者(2)のそれよりも大となるであろう。方程式$(a)$および方程式$(e_1)(e_2)$によれば，さらに

$$2F(p)+F'(p)[p-m_1\varphi_1'(D_1)-m_2\varphi_2'(D_2)]=0 \qquad (f)$$

$$m_1p_1=\frac{1}{2}[p+m_1\varphi_1'(D_1)-m_2\varphi_2'(D_2)]$$

また　$m_2p_2=\dfrac{1}{2}[p-m_1\varphi_1'(D_1)+m_2\varphi_2'(D_2)]$

となる（数学注43）。

しかるに諸独占の結合が存する場合には，方程式($f$)は

$$F(p)+F'(p)[p-m_1\varphi_1'(D_1)-m_2\varphi_2'(D_2)]=0 \qquad (f')$$

となったはずである（数学注44）。

類似の場合に用いたる幾何学的表現によれば，方程式($f$)の根は方程式($f'$)の根よりも大であり，したがって価格の騰貴は独占の分割の結果たることを容易に認めることができる。

## 60

これまでのところでは，われわれは原料を加工して完成品を製作するための費用，ならびにこの完成品を消費市場にもたらす配給費，賦課せらるべき租税，その他を，考慮の外に置いてきた。しかしこれらの費用を一般の場合におけるがごとく生産量に比例するものと想像し，また完成品の1単位に対するこれらの費用の合計を常数 $h$ をもって表わすものとすれば，方程式($a$)は

$$p=m_1p_1+m_2p_2+h$$

となるべく，また方程式($f$)の代わりに

$$2F(p)+F'(p)[p-h-m_1\varphi_1'(D_1)-m_2\varphi_2'(D_2)]=0$$

を得ることとなる。

かくてこの結果は，あたかももろもろの費用が直接生産者(1)および(2)によって負担せられ，またこれらの費用の負担が $m_1:m_2$ の比率において2生産者間に分配せられたると同一になるであろう。

## 61

以上に考察したる仮定よりもやや厳密ならざる仮定によれば，各組成商品は，共同して合成商品の製造に用いられるほかに，なお雑多の用途を有しうる。$F(p)$ は前のごとく合成商品に対する需要とし $F_1(p_1)$ および $F_2(p_2)$ はそれ

### 第9章 生産者の相補関係について

それ商品(1)および(2)が合成商品の生産に協同する以外の用途に対する需要とする。しからば，$p_1$ および $p_2$ の値はなお方程式$(d)$によって与えられるけれども，

$$D_1 = F_1(p_1) + m_1 F(m_1 p_1 + m_2 p_2)$$
$$D_2 = F_2(p_2) + m_2 F(m_1 p_1 + m_2 p_2)$$

となるべく，これによって方程式$(d)$は，

$$F_1(p_1) + m_1 F(m_1 p_1 + m_2 p_2)$$
$$+ [F_1'(p_1) + m_1^2 F'(m_1 p_1 + m_2 p_2)][p_1 - \varphi_1'(D_1)] = 0$$
$$F_2(p_2) + m_2 F(m_1 p_1 + m_2 p_2)$$
$$+ [F_2'(p_2) + m_2^2 F'(m_1 p_1 + m_2 p_2)][p_2 - \varphi_2'(D_2)] = 0$$

となる。

かくてこれらの表現ははなはだ複雑となるがゆえに，これから一般的の帰結を求めることは容易でない。ゆえにわれわれは長くこれにとどまることなく，その応用においてはるかに重要なる，また必要に応じて容易にいかほどでも一般的に取り扱いうる場合に移ろう。それは相補的なる2商品のおのおのが，無制限の競争の下に生産せられる場合である。

## 62

第8章に展開したる理論によれば，われわれはいま2組の連立方程式を得る。

$$\begin{cases} p_1 - \bar{\varphi}_1' \bar{D}_1 = 0 \\ p_1 - \bar{\varphi}_2' \bar{D}_2 = 0 \\ \dots\dots\dots\dots \\ p_1 - \bar{\varphi}_n' \bar{D}_n = 0 \end{cases} (a_1) \qquad \begin{cases} p_2 - \bar{\bar{\varphi}}_1' \bar{\bar{D}}_1 = 0 \\ p_2 - \bar{\bar{\varphi}}_2' \bar{\bar{D}}_2 = 0 \\ \dots\dots\dots\dots \\ p_2 - \bar{\bar{\varphi}}_n' \bar{\bar{D}}_n = 0 \end{cases} (a_2)$$

$\varphi$ および $D$ なる文字の上に一つまたは二つの横線を置くのは，それが商品(1)または(2)に関することを示す。これらの文字に付したる添数は，〔連立方程式の〕各組における生産者を区別するに役だつものである。

われわれは方程式 $(a_1)$ および $(a_2)$ に加えて次の二つの方程式

$$\overline{D}_1+\overline{D}_2+\cdots\cdots+\overline{D}_n=F_1(p_1)+m_1F(m_1p_1+m_2p_2) \qquad (b_1)$$

$$\overline{\overline{D}}_1+\overline{\overline{D}}_2+\cdots\cdots+\overline{\overline{D}}_n=F_2(p_2)+m_2F(m_1p_1+m_2p_2) \qquad (b_2)$$

を考えねばならない。

いま方程式 $(a_1)$ および $(a_2)$ から $\overline{D}_1, \overline{D}_2, \cdots\cdots$ および $\overline{\overline{D}}_1, \overline{\overline{D}}_2, \cdots\cdots$ の値を $p$ の関数として求むれば，方程式 $(b_1)$ および $(b_2)$ は次の形をとる。

$$\Omega_1(p_1)=F_1(p_1)+m_1F(m_1p_1+m_2p_2) \qquad (3)$$

$$\Omega_2(p_2)=F_2(p_2)+m_2F(m_1p_1+m_2p_2) \qquad (4)$$

ただし $\Omega_1(p_1)$ は $p_1$ と共に増加する $p_1$ の関数を示し，$\Omega_2(p_2)$ は $p_2$ と共に増加する $p_2$ の関数を示すものである。

商品(1)の生産において，たとえば従量税によって起こるがごとき生産費の増加 $u$ が生じたりと想像する。しからば費用の増加以前には，方程式(3)および(4)によって決定せられた $p_1, p_2$ の値は，$p_1+\delta_1$ および $p_2+\delta_2$ となるべく，また $\delta_1$ および $\delta_2$ を定める方程式としては

$$\Omega_1(p_1+\delta_1-u)=F_1(p_1+\delta_1)+m_1F(m_1p_1+m_2p_2+m_1\delta_1+m_2\delta_2) \qquad (5)$$

$$\Omega_2(p_2+\delta_2)=F_2(p_2+\delta_2)+m_2F(m_1p_1+m_2p_2+m_1\delta_1+m_2\delta_2) \qquad (6)$$

を得るであろう。

いま $u, \delta_1$ および $\delta_2$ が，$p_1$ および $p_2$ に比較して小なる部分であり，したがって計算には2次以上の高冪を無視しうるものと仮定すれば，方程式(5)および(6)は方程式(3)および(4)によって

$$\delta_1\{\Omega_1'(p_1)-F_1'(p_1)-m_1{}^2F'(m_1p_1+m_2p_2)\}$$
$$-\delta_2 m_1 m_2 F'(m_1p_1+m_2p_2)=u\Omega_1'(p_1)$$

および 
$$-\delta_1 m_1 m_2 F'(m_1p_1+m_2p_2)$$
$$+\delta_2\{\Omega_2'(p_2)-F_2'(p_2)-m_2{}^2F'(m_1p_1+m_2p_2)\}=0$$

となるであろう。

符号を簡単にするために，$\Omega_1'(p_1)$ の代わりに $\Omega_1'$，また $F'(m_1p_1+m_2p_2)$

## 第9章 生産者の相補関係について

の代わりに $F'$ と置き,その他全部にわたってこれにならい,最後には
$$Q=\Omega_1'\Omega_2'-\Omega_1'F_2'-\Omega_2'F_1'-m_2{}^2F'\Omega_1'-m_1{}^2F'\Omega_2'$$
$$+F_1'F_2'+m_1{}^2F'F_2'+m_2{}^2F'F_1'$$
と置けば,この方程式によって,以上の2方程式から

$$\delta_1=\frac{u}{Q}(\Omega_1'\Omega_2'-\Omega_1'F_2'-m_2{}^2F'\Omega_1') \tag{7}$$

および $$\delta_2=\frac{u}{Q}m_1m_2\Omega_1'F' \tag{8}$$

が得られる。

$\Omega_1'$ および $\Omega_2'$ は必ず正数であり,一方 $F', F_1'$ および $F_2'$ は必ず負数なることを注意して,$\delta_1$ および $\delta_2$ の値を観察すれば,われわれは次の結果を認めうる。

1) $\delta_1$ は $u$ と符号を同じくする。けだし $\frac{\delta_1}{u}$ は分母子共に正項のみをもつ分数に等しいからである。

2) $\delta_1$ は $u$ よりも小である。けだし上記分数の分母は,分子のすべての項を含むのみならず,なおそのほかにことごとく正なる若干の項を有するからである。

3) $\delta_2$ は $\delta_1$ と符号を異にする。けだし分数 $\frac{\delta_1}{u}$ と分数 $\frac{\delta_2}{u}$ とは分母を等しくし,後の分数の分子は負数なるがゆえである。

われわれがこれらの結果を得たのは,一に $u, \delta_1$ および $\delta_2$ を $p_1$ および $p_2$ に関してきわめて小なるものと,仮定したるによるものである。けれども,いかなる種類の費用たりともその増加は必ずきわめて小なる増分の連続として起こるものと想像すれば,この制限は容易に除きうることがわかる。$\Omega'$ および $F'$ の符号は一の状態より他の状態に移るにあたって変化せざるゆえに,われわれが上に見いだした変動要素 $u, \delta_1$ および $\delta_2$ の間の関係は,これらの要素の合計の間にもまた見いだされるものである(第32節参照)。

したがって商品(1)の生産費における増加は,その商品の価格の増加を伴う。

けれどもその騰貴は費用の増加よりも小である。また同時に商品(2)の価格は下落することとなる。

すべてこれらの結果の必然性は，以上の計算とは別個の推理によっても確かめることができる。もし商品(1)の価格が生産の増加あるにもかかわらず騰貴しないとするならば，その生産者は，損失を免れるために生産高を制限する必要に迫られるに相違ない。しかして生産高が減少すれば，その価格は騰貴せざるをえないのである。ゆえにその商品は必ず騰貴すべく，またその騰貴は生産費の増加よりも小でなければならない。しからざれば，生産者がその生産高を減少する理由がないからである。最後に商品(1)の消費高は，合成商品の製造についても，また他の一切の用途についても，減少を来たすがゆえに，商品(2)の消費あるいは生産高もまた減少すべきは当然である。しかもこの商品の生産費にはなんらの増加も起こらないゆえに，この商品の生産制限は，単に価格の下落によってのみもたらされうるのである。

組成商品の価格における反対符号の変化 $\delta_1$ および $\delta_2$ の結果として合成商品の価格に起こる変動は $m_1\delta_1+m_2\delta_2$ に等しく，したがって方程式(7)および(8)より

$$m_1\delta_1+m_2\delta_2=m_1u\frac{\Omega_1'(\Omega_2'-F_2')}{Q}$$

が得られる。

この式によれば，合成商品価格の変動は $u$ および $\delta_1$ と同符号であり，それは商品(2)の価格の下落によって当然 $m_1u$ よりも小なることとなる。

もし相補的に使用せられる任意数の商品を想像すれば，同様にして，またただ冗長なる以外には別に困難ならざる手続きによって，次のことを証明しうる。1) 一つの商品の生産に起こる生産費の増加は，この商品および合成商品の価格を騰貴せしめ，他のすべての組成商品の価格を下落せしめる。2) 当該商品の価格の騰貴は，生産費における増加ないしは課せられたる租税よりも小である。

## 第9章 生産者の相補関係について

## 63

次にわれわれは生産費 $u$ の増加が直接合成商品に起こる場合を考察する。ただしそれがこの商品に課せられる従量税たると，消費者に対するこの商品の配給費に起これる増加たるとは，これを問わない。この場合方程式(3)および(4)は

$$\Omega_1(p_1+\delta_1)=F_1(p_1+\delta_1)+m_1F(m_1p_1+m_2p_2+m_1\delta_1+m_2\delta_2+u)$$

および

$$\Omega_2(p_2+\delta_2)=F_2(p_2+\delta_2)+m_2F(m_1p_1+m_2p_2+m_1\delta_1+m_2\delta_2+u)$$

に置き換えらるべく，またこれらを方程式(5)および(6)と同様に取り扱えば，

$$\delta_1\Omega_1'=\delta_1F_1'+m_1{}^2\delta_1F'+m_1m_2\delta_2F'+m_1uF'$$

および $\quad \delta_2\Omega_2'=\delta_2F_2'+m_1m_2\delta_1F'+m_2{}^2\delta_2F'+m_2uF'$

が与えられる。これよりわれわれは

$$\delta_1=\frac{um_1F'(\Omega_2'-F_2')}{Q}$$

$$\delta_2=\frac{um_2F'(\Omega_1'-F_1')}{Q}$$

を得る。ただし $Q$ をもって表わされる多項式は前節と同一の諸項から成るものである。

これより，われわれは常に $\Omega'$ および $F'$ なる量の符号に注意しつつ，容易に次のごとく結論しうる。

1) $\delta_1$ および $\delta_2$ はいずれも $u$ と符号を反対にする。
2) $m_1\delta_1+m_2\delta_2$ なる量の数値は $u$ よりも小である。

さらに組成商品の価格における変化 $\delta_1$ および $\delta_2$ は，次のきわめて簡単なる関係によって互いに結ばれている。

$$\frac{\delta_1}{\delta_2}=\frac{m_1(\Omega_2'-F_2')}{m_2(\Omega_1'-F_1')}$$

この関係は関数 $F$ とは無関係である。したがって合成商品に影響する生産費の

増加あるいは租税は，組成商品の価格を引き下げると同時に，合成商品の価格を騰貴せしめる。しかしその騰貴は $u$ よりも小である。けだしこの価格の騰貴は
$$u+m_1\delta_1+m_2\delta_2$$
によって表わさるべく，またわれわれのすでに見たるごとく，$m_1\delta_1+m_2\delta_2$ の絶対値は $u$ より小なると同時にその符号を異にするからである。

組成商品の数および種類がいかに多くとも，それらが無制限の競争の影響の下に生産せられる限り，われわれは容易にこれらの結果を一般化することができる。これらの結果は慎重なる考慮に値する。けだしそれは数学的定理の一切の確実さを有し，しかもそのためにこれを実際的なる真理の数から除外する必要のないものだからである。

## 64

われわれは進んで，商品(2)の生産に限界のある場合，したがってその生産者は方程式(3)および(4)より得られる $p_2$ の値に応ずるこの商品の需要量を満足しえない場合に移ろう。$\varDelta_2$ をもってこの生産限界を示すものとすれば，$p_1$ および $p_2$ の値は次の連立方程式
$$\varOmega_1(p_1)=F_1(p_1)+m_1F(m_1p_1+m_2p_2)$$
および $\quad \varDelta_2=F_2(p_2)+m_2F(m_1p_1+m_2p_2)$

によって決定せられる。かかる事情の下においては，商品(2)に $u$ をもって示される租税あるいは生産費の増加が起こると仮定しても，$p_1$ および $p_2$ の値を決定する方程式にはなんらの変化をも及ぼさないであろう。したがってこれらの値は同一にとどまるべく，生産費における一切の増加は(2)の生産者の負担となって，組成商品ないし合成商品の消費者にはなんらの損失をも生じない。

租税 $u$ が商品(1)に課せられる場合には，旧価格 $p_1$ および $p_2$ はともに変化して $p_1+\delta_1$ および $p_2+\delta_2$ に置き換えられる。方程式(5)および(6)は，後の方程式における関数 $\varOmega_2(p_2+\delta_2)$ を常数 $\varDelta_2$ に置き換えれば——それは，これらの方程式

## 第9章 生産者の相補関係について

より得られる公式において，微係数 $\Omega_2'$ を零に等しと置くことにほかならない——この場合にも適用することができる。

かくて変動 $u, \delta_1$ および $\delta_2$ をきわめて小なる数として取り扱いうる仮定の下においては，われわれは

$$\delta_1 = \frac{-u\Omega_1'(F_2' + m_2^2 F')}{R}$$

および

$$\delta_2 = \frac{u m_1 m_2 \Omega_1' F'}{R}$$

$$\frac{\delta_1}{\delta_2} = -\frac{F_2' + m_2^2 F'}{m_1 m_2 F'}$$

$$m_1 \delta_1 + m_2 \delta_2 = \frac{-u m_1 \Omega_1' F_2'}{R}$$

を得る。ただし多項式 $R$ の構成は，補助方程式

$$R = -\Omega_1'(F_2' + m_2^2 F') + F_1' F_2' + m_1^2 F' F_2' + m_2^2 F' F_1'$$

によって与えられるものである。

これより次の帰結が得られる。それは変動 $u, \delta_1$ および $\delta_2$ の一切の値に拡張しうるものである。

1) $\delta_1$ は $u$ と同符号であって，数値において $u$ よりも小である。課税を受けたる商品の価格は騰貴するが，騰貴の大いさは租税よりも小である。したがって生産高および生産者の所得は減少するであろう。

2) $\delta_2$ は $u$ と符号を異にする。ゆえに直接課税をこうむらざる商品の価格は下落すべく，その下落は生産高の変化せざる場合においても，なおこの商品の生産者の不利益となる。

3) $m_1 \delta_1 + m_2 \delta_2$ は $u$ と同符号である。すなわち合成商品の価格は騰貴すべく，直接課税せられたる商品の騰貴は他の商品の下落を償って余りあるであろう。

租税あるいは生産費の増加が直接に完成品の上に落ちるときは，両組成商品

の価格が下落することも同様にして見いだしうる。

## 65

われわれは次になんらかの理由によって極限 $\varDelta_2$ が変化して $\varDelta_2+v_2$ となり，しかも生産費にはなんらの変動もなき場合を想像する。われわれの方法に従って変動 $v_2$ およびこれより生ずる変動 $\delta_1$ および $\delta_2$ をまずきわめて小なるものとみなせば

$$\delta_1 = v_2 \frac{-m_1 m_2 F'}{R}$$

$$\delta_2 = v_2 \frac{-(\varOmega_1' - F_1' - m_1^2 F')}{R}$$

$$m_1 \delta_1 + m_2 \delta_2 = v_2 \frac{-m_2(\varOmega_1' - F_1')}{R}$$

となるであろう。

これよりわれわれは結論する，いわく，変動の程度のいかんを問わず，極限 $\varDelta_2$ を上げることは，商品(2)の価格を低落せしめ，商品(1)の価格を騰貴せしめる。しかしその騰貴の程度は低落のそれよりも小であり，したがって完成品の価格には下落がもたらされるのである。

# 第10章
# 諸市場の連絡について

**66**

　商業および運送機関の完成，禁止法あるいは制限的関税の廃止は，従来互いに孤立したる市場を，全体としてあるいは単にある種の商品について連絡せしめることとなる。本章の目的は，かかる連絡の樹立より起こる主たる帰結を研究するにある。

　運送に耐える商品は，必ずその価値の小なる市場よりその価値の大なる市場に流動して，ついに2市場間のこの価値の相違が運送費以上を示さざる点にいたるべきは明白である。

　運送費用の中には，単に運送機関の価格および機械的に運送を営む人々の賃金のみならず，また保険料および商人の利益——かれらはその仕事から使用資本の利子ならびに勤労に対する相当の報酬を獲得せねばならない——をも含めなければならない。

　2市場間の商品価値を比較するには，商品の貨幣価格のみならず2市場間の，あるいは専門の言葉を用うれば，それぞれ当該市場の商業中心とみなすべき2場所間の為替相場をも考慮する必要がある。たとえばA市場における銀1グラムの価値を価値の単位にとれば，銀のグラム数で表わされたB市場の商品価値

には，AよりBへの為替相場の係数を乗ぜねばならない(第3章)。そうしてこの修正された価値に運送費を加えたるものがA市場におけるその商品の銀グラム数価値よりも少額なるときは，ここに初めてBよりAへの商品運送が起こるのである。

## 67

輸出入いずれの市場においても，独占の対象たる商品の価格に対する市場連絡の影響を決定することは，複雑なる問題たると同時に経済理論にはきわめて興味なき問題である。かかる仮定の下においては，競争の作用が市場の連絡より生ずる本来の作用と結合せらるべきことは，容易に看取しうる。したがって直ちに独占の作用の消滅したる場合，すなわち2市場における商品の生産が無制限競争の法則によって支配せらるる場合を考察するほうが，より簡単でありまたより重要でもある。

この場合には，輸出市場における生産は常に必ず増加すべきがゆえに，その商品の価格は輸出以前よりも騰貴すべく，また逆に輸入市場においては価格は必ず下落すべきがゆえに，そこに生産せられる量が減少すべきことは明白である。

連絡以前においては，2市場A，Bにおける価格 $p_a$ および $p_b$ は次の形の方程式によって定められている(数学注45)。

$$\begin{cases} \Omega_a(p_a) = F_a(p_a) \\ \Omega_b(p_b) = F_b(p_b) \end{cases} \quad (1)$$

この場合符号 $F$ および $\Omega$ は第8章において与えられたる意義を有し，またこれらの符号の下に添数として置かれたる文字は，市場Aに関する関数と市場Bに関するものとを区別するにあてたるものである。

連絡以後には，これらの2方程式は次のものに置き換えられる (数学注46)。

$$\Omega_a(p_a') + \Omega_b(p_a' + \varepsilon) = F_a(p_a') + F_b(p_a' + \varepsilon) \quad (2)$$

ただし $p_a'$ は輸出市場Aにおける価格を，また $\varepsilon$ はAよりBへの運送費を表わすものとする。

## 68

われわれが提出しうる興味ある一問題は，市場の連絡は常に総生産高を増加するやいなや，あるいは数学的にいい換えれば，いかなる場合においても
$$F_a(p_a')+F_b(p_a'+\varepsilon)>F_a(p_a)+F_b(p_b) \tag{3}$$
となるやいなやを知ることに存する。

この疑問を否定的に解決するには，単に一つの特殊なる場合を考察すればよい。それは方程式(1)および(2)の比較を容易ならしめるものであって，$p_a$, $p_b$ および $p_a'$ なる大いさの差がきわめて小数であり，したがって近似的の計算においては，これらの差の2乗以上の高冪を無視しうる場合これである。

いま
$$p_a'=p_a+\delta \quad \text{および} \quad p_b=p_a+\omega$$
とする。しからば
$$p_a'+\varepsilon=p_b+\delta+\varepsilon-\omega$$
となる。

われわれは $\omega>\varepsilon$ と仮定せねばならぬ。しからざれば，市場の連絡が樹立せられても，それはAよりBへの輸出を見ることにならないからである。

方程式(2)にすでに多数の例を与えたる代入，展開，減算の方法を適用すれば，この方程式は
$$\delta\{\Omega_a'(p_a)-F_a'(p_a)\}=(\delta+\varepsilon-\omega)\{F_b'(p_b)-\Omega_b'(p_b)\} \tag{4}$$
となるであろう（数学注47）。また関数 $F'$ および $\Omega'$ の本質的特徴たる符号によれば，容易に次の結果を導くことができる。

1) $\delta$ は $\omega-\varepsilon$ と符号を同じくするゆえに正である。
2) $\delta<\omega-\varepsilon$ である。それはさらに，連絡が必ず輸出市場における商品価格

を騰貴せしめ輸入市場におけるそれを低落せしめる事実からも，きわめて明らかに看取しうるところである。

さてこれらの値を不等式(3)における $p_a'$ および $p_a'+\varepsilon$ に代入すればこれは減算の結果

$$\delta F_a'(p_a)+(\delta+\varepsilon-\omega)F_b'(p_b) > 0$$

となる。

もし方程式(4)より $(\delta+\varepsilon-\omega)$ の値を得，かつ正なる共通の因数 $\delta$ を消去すれば，上の不等式は

$$F_a'(p_a) + \frac{F_b'(p_b)\{\Omega_a'(p_a)-F_a'(p_a)\}}{F_b'(p_b)-\Omega_b'(p_b)} > 0$$

となるべく，あるいは分母を払い，かつ分母は負なるをもって不等式の符号を変ずれば，より簡単に

$$F_b'(p_b)\Omega_a'(p_a)-F_a'(p_a)\Omega_b'(p_b) < 0 \qquad (5)$$

となる。

この不等式，したがってまた不等式(3)は，関数 $F'$ および $\Omega'$ の数的関係いかんによって，あるいは満足せられあるいは満足せられないこと明白である。

ゆえに市場の連絡は総生産量を減少すると仮定しても，それはなんらの矛盾をも含まない。

いな逆に市場の孤立化が，消費に向けられる商品の量を増加する原因たることもありうる。われわれはここには単にこの事実を確定するにとどめ，あえて交通機関の改善ないし市場の拡張がもたらす社会の利益について現にはなはだ一般的に普及せる見解に反対せんとするものではない。かくのごとき反対は無意味だからである。この問題は，後に十分なる議論の対象となるであろう。

なお次のことはいっておく必要がある。すなわちわれわれが以上に用いた近似的公式を適用するためには，$\omega$，$\varepsilon$ の大いさが最初の価格 $p_a$，$p_b$ に対してきわめて小なることを必要としない。それはその差 $\delta$ および $\omega-\varepsilon$ が，$p_a$ に関

してきわめて小なるをもって足りるのである。

## 69

市場の連絡の結果は，事情のいかんに従って，単に生産量のみならずまた生産量の総価格をも，あるいは増加しあるいは減少する。実際なんらの矛盾をも含まざる前提として，$p_a$ の値は関数 $pF_a(p)$ を極大ならしむべき $p$ の値よりも大，また反対に $p_b$ の値は関数 $pF_b(p)$ を極大ならしむべき値よりも小とすれば，われわれは

$$p_a' > p_a \quad \text{および} \quad p_a' + \varepsilon < p_b$$

を得べきがゆえに，さらにこれらの関数の動きに従って

$$p_a' F_a(p_a') < p_a F_a(p_a)$$

および $\quad (p_a' + \varepsilon) F_b(p_a' + \varepsilon) < p_b F_b(p_b)$

を得べく，したがってもちろん

$$p_a' F_a(p_a') + (p_a' + \varepsilon) F_b(p_a' + \varepsilon) < p_a F_a(p_a) + p_b F_b(p_b)$$

となるであろう。

一般に上の不等式は，この不等式に含まれる大いさの数的関係いかんによって，満足せられることもありしからざることもある。

## 70

輸出あるいは輸入に対する課税は，運送費における税額だけの増加と，その作用を等しくするであろう。単に $p$ をもって，課税以前輸出市場において確立せられたる商品の価格，あるいは方程式

$$\Omega_a(p) + \Omega_b(p+\varepsilon) = F_a(p) + F_b(p+\varepsilon)$$

の根を表わすものとし（数学注48），また $u$ をもって関税とし，それはまず最初は，$p$ および $p+\varepsilon$ に対してきわめて小なる数と仮定する。しからば $p'=p+\delta$ は課税の結果たる $p$ の値となるべく，これによって方程式

$$\Omega_a(p+\delta)+\Omega_b(p+\delta+\varepsilon+u)=F_a(p+\delta)+F_b(p+\delta+\varepsilon+u)$$

を展開し（数学注49），この展開式において，単に変動 $\delta$ および $u$ の1次の冪のみを保留すれば，

$$\begin{cases} \delta=-(\varepsilon+u)\dfrac{\Omega_b{}'(p)-F_b{}'(p)}{\Omega_a{}'(p)-F_a{}'(p)+\Omega_b{}'(p)-F_b{}'(p)} \\ \delta+u=\dfrac{u[\Omega_a{}'(p)-F_a{}'(p)]-\varepsilon[\Omega_b{}'(p)-F_b{}'(p)]}{\Omega_a{}'(p)-F_a{}'(p)+\Omega_b{}'(p)-F_b{}'(p)} \end{cases} \quad (6)$$

を与えるであろう（数学注50）。

これらの式から次の結論が引き出される。

1) $\delta$ は負数なるべく，またその絶対値は $\varepsilon+u$ よりも小である（数学注51）。すなわち関税は，常に輸出市場における商品の価格を下落せしむべく，また下落の大いさは，関税そのものよりも大になることがあるけれども，常に運送費と関税との和よりも小である。他のすべての条件が等しき限り，関税が輸出市場における価格に及ぼす影響は，運送費の大なるほど著しくなる。

2) $\delta+u$ は

$$\frac{u}{\varepsilon}\gtreqless\frac{\Omega_b{}'(p)-F_b{}'(p)}{\Omega_a{}'(p)-F_a{}'(p)}$$

のいかんによって正数または負数となるべく，したがって関税は事情のいかんによって，輸入市場における価格をあるいは増加しあるいは減少する。通常われわれは $\Omega_a{}', \Omega_b{}', F_a{}'$ および $F_b{}'$ の間に存する数的関係を知らない。けれども関税が運送費を超過する場合には，騰貴の見込みが多く，反対に運送費が関税を超過する場合には下落の見込みが多い。

関税の場合から奨励金の場合に移るためには，それが輸出入のいずれに設定せられるかを問わず，単に方程式(6)における $u$ を負数と考えればよい。この場合には，$u$ の絶対値が $\delta$ よりも小なるか大なるかに従い，すなわち奨励金の額が運送費よりも小なるか大なるかによって，二つの場合を区別せねばならな

## 第10章 諸市場の連絡について

い（数学注52）。

　第一の場合には，δはなお負数であり，その絶対値は運送費と奨励金との差よりも小である。商品の価格は，輸出市場においてもまた輸入市場においても下落する。

　第二の場合には，奨励金は輸出市場における商品を騰貴せしめる。ただしその額は，奨励金の運送費に対する超過額よりも小である。またそれは常に輸入市場における商品を低落せしめる。

### 71

　要するに，関税は，常に輸出市場における価格を低落せしめるが，輸入市場における価格を低落せしめるか騰貴せしめるかは事情のいかんによる。逆に奨励金は，常に輸入市場における価格を低落せしめるが，輸出市場における価格を低落せしめるか騰貴せしめるかは事情のいかんによるものである。

　ここに示された限界内においては，この命題は $p$, $\varepsilon$ および $u$ の任意の値にあてはまるものであって，変動 $u$ を取り扱う場合にこれをきわめて小なる数に限る必要はない。第32節に用いたると同様の推理が，十分にこれを立証する。

　さらに関税の徴収ないし奨励金の支払いが，商品のA領地を離れるさいに行なわれるかまたはB領地に入るさいに行なわれるかは，それぞれの領地が属する政府の財政的利害にとってはきわめて重要なことであるが，価格の決定および両市場における生産者ないし消費者の利害にとってはなんの関係もないことである。

　運送費の増加が関税と同様に作用し，またその減少が奨励金と同様に作用することは，改めていうまでもない。

### 72

　ある商品が，その原産国内において課税せられる場合には，ときとしてその

政府は，輸出奨励のためにこの商品を輸出する商人に対して，その賦課したる金額を償還し，または返付することがある。この結合の結果を判断するために，次のごとく定める。輸出市場における課税以前の商品価格 $p$ が，方程式

$$\Omega_a(p)+\Omega_b(p+\varepsilon)=F_a(p)+F_b(p+\varepsilon)$$

によって決定せられるものとすれば，租税 $u$ の賦課は，その商品の輸出にさいしては税金が返付せられないものとして，新たなる価格 $p'$ をもたらすべく，それは方程式

$$\Omega_a(p'-u)+\Omega_b(p'+\varepsilon)=F_a(p')+F_b(p'+\varepsilon)$$

によって与えられる。また最後に税金が返付せられた後に輸出市場において定められる価格を $p''$ とすれば，$p''$ は方程式

$$\Omega_a(p''-u)+\Omega_b(p''+\varepsilon-u)=F_a(p'')+F_b(p''+\varepsilon-u)$$

の根である。

$p''=p+\delta$ とする。いま $\delta$ および $u$ の2乗を無視すれば，上の最後の方程式は

$$\delta=u\frac{\Omega_a'(p)+\Omega_b'(p+\varepsilon)-F_b'(p+\varepsilon)}{\Omega_a'(p)+\Omega_b'(p+\varepsilon)-F_a'(p)-F_b'(p+\varepsilon)} \tag{7}$$

となる（数学注53）。

これより次のごとくになる。$\delta$ は $u$ と同符号であり，その絶対値は $u$ よりも小である。したがって租税と税金の返付とが結合するときは，輸出市場における商品は騰貴すべく，輸入市場におけるそれは下落することとなる。この二重の結果は，輸出高の増加によってのみ達成せられうるものであり，また実際容易に看取しうるがごとく

$$\Omega_a(p)-F_a(p)$$

をもって表わされる輸出高は，以上に述べた結合が惹起する価格の変動によって，

$$\Omega_a(p+\delta-u)-F_a(p+\delta)$$

となる。ゆえにわれわれの証明すべきものは

第10章 諸市場の連絡について

$$\varOmega_a(p+\delta-u)-F_a(p+\delta)>\varOmega_a(p)-F_a(p)$$

あるいはこれを展開し $\delta$ および $u$ の2乗を切り棄てたる

$$(\delta-u)\varOmega_a{}'(p)-\delta F_a{}'(p)>0$$

である。

$\delta$ に対して，方程式 (7) によって与えられる $u$ をもって表わされたる値を代入し，共通の因数を消去し，かつ，消去される因数が負数なる場合には，注意して不等式の符号を変ずれば，この不等式は

$$-\varOmega_b{}'(p+\varepsilon)+F_b{}'(p+\varepsilon)<0$$

となるべく，それは $\varOmega'$ および $F'$ の符号によって明らかに満足せられるものである。

これらの結果は，$\delta$ および $u$ の一切の値に拡張せられうる。

## 73

生産の事情に基づいてA市場あるいはB市場における生産量が一定なる場合には，本章のすべての公式に対して $\varOmega_a{}'=0$ あるいは $\varOmega_b{}'=0$ と置けば十分である。

# 第11章
# 社会所得について

**74**

われわれは，以上各個の商品に対する需要の法則が，その商品の生産状態と結合して，いかに価格を決定し，またその生産者の所得を支配するかを研究してきた。われわれは他の商品の価格および他の生産者の所得は一定にして不変なるものと考えたのである。しかし事実上は経済体系は一つの全体であって，そのすべての部分は互いに相関連しまた互いに反作用するものである。商品Aの生産者の所得における増加は，商品B, C等に対する需要に影響し，したがってまたそれらの生産者の所得に影響すべく，これはまた，その反動として，商品Aに対する需要の変動を惹起するのである。ゆえに経済体系の一部分に関する問題を完全厳密に解決するためには，その全体系を考慮することを避けえないように思われる。けれどもかくのごときは，たとえ一切の常数の数値を定めえたりとしても，なお数学解析およびわれわれの実際上の計算方法の力を超えるものである。本章および次章の目的は，われわれがある種の近似法を用うることによって，いかなる程度までこの困難を避けうるか，また数学上の符号を援用することによって，いかなる程度までこの主題より生ずる最も一般的なる問題の有益なる分析を行ないうるかを示すにある。

## 第11章 社会所得について

われわれが社会所得(revenu social)というものは，単にいわゆる本来の所得額，すなわち土地所有者ないし資本家という資格において社会の各員に属するもののみではなく，なおその労働者ないし生産従業者たる資格においてかれらに帰する年々の賃金および利潤をも含むものである。われわれはさらに俸給の年額をもこれに含ましめる。これは，その労働の結果が，まったく物質的でなくかつ販売しえないことを理由として，経済学者が不生産的と名づける人々の階級を，個人ないし国家が維持するための手段である。これらの言葉は慣習によればなお異なる意味にも使用せられうるであろう。しかしわれわれは以上に述べた定義こそ，他のいずれにもまさって，推理の糸を正確なる演繹および実際的なる帰結に導くものと信ずる。

ある商品が消費のために提供せられるときは，われわれはその売上価格の中に，原料および生産要具を提供したる地主および資本家の所得となるところの配当，ならびに商品の生産および市場への運搬に協力したる産業労働者の利潤ならびに賃金を見いださねばならない。この価格を構成するところの一切の要素は，それぞれ社会所得の種々の部門に分配されるのである。したがっていま $p$ は商品1単位の価格，$D$ は年々消費のために供給せられる数量とすれば，生産額 $pD$ はこの商品が社会所得の構成に貢献する金額を示すものである。

ゆえにこの所得部分は，その商品の価格および消費量に起こる変動の結果生産額 $pD$ が増減するに従って，あるいは増加しあるいは減少する。またその最大可能点は，生産額 $pD$ あるいは $pF(p)$ がその極大値に達する場合である。

**75**

われわれは $p_0$ および $p_1$ をもって $p$ の異なる二つの値を示すものとし，また $D_0$ および $D_1$ をもってこれに応ずる $D$ の値とする。さらにこれらの観念をいっそう明らかにするために，

$$p_1 > p_0 \quad \text{および} \quad p_1 D_1 < p_0 D_0$$

と仮定し，したがって商品価格の騰貴は，社会所得あるいは少なくともこの所得の一部分たる $pD$ を減少するものとする。

この所得の減少は，あるいはその生産設備を使用し，あるいは自ら労働して，この商品の生産に貢献する各種の生産者の間に分割せられるものであるが，その態様は事情のいかんに従って種々である。

その所得が減少するという理由そのものによって，かれらが自己の消費にあてる資金は減少すべく，それは他の商品に対する需要に影響して，幾多の他の生産者階級の所得を減少すべく，またその反動として，新たなる社会所得の減少をもたらすであろう。この反動は，漠然と考えれば際限なしとも思われるのであるが，これに関して正確なる観念を得ることは重要である。

商品の価格が騰貴して $p_0$ より $p_1$ に移れば，この騰貴にもかかわらず続けてこの商品を買う消費者は，騰貴したる商品の需要にあてるために，他の商品の消費から

$$(p_1-p_0)D_1$$

に等しき金額を引き出さねばならぬ結果となる。

反対に騰貴の結果，従来消費していたその商品をもはや需要しないところの消費者は，他の需要に向けて

$$p_0(D_0-D_1)$$

に等しき所得部分を使用しうる。

第一の値を第二より差し引けば，残高は

$$p_0D_0-p_1D_1$$

となる。すなわちこの金額は正確に価格の騰貴によるこの商品生産者の所得の減少に相等しく，またそれが当然である。

かくてわれわれが当該商品の生産者および消費者を・全・体・と・し・て・考えるときは，われわれは他の一切の商品合計に対して使用しうべき年々の資金は，同一なることを見る。したがってこの資金は，これらの各商品に対する需要を，従来と

## 第11章 社会所得について

変わらざるように，すなわち価格の系列にも（騰貴したる商品を除いては）なんらの変化なく，また所得の系列にも（その生産設備を用いて，あるいは個人的勤労をもって，騰貴したる商品の生産に貢献したる生産者の所得を除いては）なんらの変化なきように，これを分配しうべき可能性のあることは明らかである。

### 76

　実際においては，もちろんかかる正確なる分配は認めがたい。一般的には，これに反して，この系列の一要素によって惹起される擾乱はまずその次の要素に波及し，やがては反作用によって系列の全体に及ぶべきは必定である。しかも商品Aの価格およびその生産者の所得に起こる変動は，他の商品 B, C, D, E 等に対する需要にあてらるべき資金総額を動かさないがゆえに，仮定によれば，需要の方向の一新によって商品Bから取り去られる金額も，必ず商品C, D, E 等の1個または数個に対する需要に，あてられることとなるであろう。厳密にいえば，B, C, D 等の生産者の所得に起こるこの第二次的の擾乱は，新たなる均衡が樹立せられるまでは，順次に体系に反作用を及ぼすに相違ない。われわれはかかる反作用の系列を計算することはできない。けれども解析の一般原理は，これらが漸次その振幅を減ずることを示すべく，したがって近似的には，Aの生産者の所得に起こる変動は，B, C, D, E 等の生産者間における残余の社会所得の分配を変化せしめるが，それはその総価値を変更するものにあらず，あるいは変更してもその大いさは，Aの生産者の所得に起こる変動 $p_0 D_0 - p_1 D_1$ に比較しては，無視しうるものにすぎないとしていい。かくして社会所得の変動は，数学の言葉を用うれば，第2次の量を超えざる誤差をもって，$p_0 D_0 - p_1 D_1$ に縮小せられるのである。

　この単純化は，単に上述の考察によって妥当とせられるのみならず，それは価値系列におけるきわめて小なる変動を論ずる場合には，厳密に許容しうるものであり，またこれなくしては推理をさらに追及することをえないものである。

またかりにある特殊の場合にはこの補償が起こらないものとしても，すなわちAの生産者の所得における変動 $p_0D_0-p_1D_1$ がその結果たる社会所得の変動と相当の差異ある場合においても，われわれはなにゆえに，一方が他方よりも大なるか，あるいは小なるかの理由を見いだしえない。ゆえにこれらの理論の特殊の場合に対する応用が問題となるのではなくて，かえって富の分配の平均的結果ないし一般的法則が論究せられる場合には，なおこの補償が起こるものと想像していいのである。

　読者の中には，前述の議論に対して，すなわちわれわれが騰貴せる商品の購買を中止する消費者と，価格の騰貴にかかわらず続けてこれを買う消費者とを区別しながら，単にその商品に対する需要を減少する消費者を考慮しなかったことに対して，抗議する人があるかもしれない。しかし思考の上では，この第三の部類の各消費者に対しては，他の二つの部類をもってこれに代え，かれらのあるものは第一の種類に，他のものは第二に属するものとすることができるのは明白である。ゆえにわれわれの採用した単純化は，推論の上になんらの実質的相違をもたらさないものである。

## 77

　上述の説明はこれをすべての類似の場合に及ぼしうるのであるが，いまこれに従って，商品Aの価格における変動は，社会所得を $p_0D_0-p_1D_1$ の値だけ減少したりと想像する。ここでわれわれはしばらくとどまって，根本的な注意を与えておかねばならない。それは富の抽象的理論を適当に解釈するために欠くべからざるものであり，また多くの研究者の間に幾多の誤解の種となったものである。

　価格変動の前後を通じて商品Aを需要する消費者は，従来わずかに $p_0D_1$ を支払えると同一量の商品に対して $p_1D_1$ を支払うがゆえに，その人の資産状態は，結局その商品が騰貴せずしてその所得が

## 第11章 社会所得について

$$(p_1-p_0)D_1$$

だけ減少したると同一である。

したがっていまこの式に,その商品の生産者の所得における減少を表わす金額,すなわち

$$p_0D_0-p_1D_1$$

を加うれば,その合計

$$p_0(D_0-D_1)$$

は,$p_0D_0-p_1D_1$ が単に社会所得の名目的減少を示すに対して,その実質的減少を表わすであろう。

われわれはこの結果が,次のごとく直接にまたより簡単に得られる結果と一致することを注意したい。すなわち価格の騰貴がその商品の年々の生産高を $D_0$ より $D_1$ に減少すれば,これのみによって年々 $p_0(D_0-D_1)$ に等しき価値が失われる。もっとも実際上続けて生産せられる量 $D_1$ は,価値において増加するがゆえに,生産者のこうむる損失はそれだけ減少せられるわけである。しかし生産者にとって,損失 $p_0(D_0-D_1)$ より控除せらるべきこの利益は,この騰貴が当該消費者に惹起する損失によって,正確に相殺せられる。かくて結局社会にとっての損失は,常に $p_0(D_0-D_1)$ と評価せられねばならないのである。

なお次のことも注意しておく必要がある。騰貴したる商品Aの購買を止め,したがって上に見いだしたると正確に等しき価値すなわち $p_0(D_0-D_1)$ を商品B,C,D等〔の購買〕に移す消費者は,Aの価格の変動の結果として,この所得部分を旧価格系列の下において選択したる用途以外の用途にあてるものなるがゆえに,一つの損失をこうむるものである。しかしこの種の損失はたとえば生産者がその所得の減少よりこうむる損失,あるいは消費者が同量の商品を買うために費やす金額の増加によってこうむる損失のごとくに,数的に評価しえない。ここに来るものは,一つの順序の関係であって量の関係ではない,数はこれを指示することこそできるが,これを測定することはできないのである。わ

れわれの考察は単に測定しうるもののみを取り扱うがゆえに，この場合には，$p_0(D_0-D_1)$ なる金額がいわゆる名目的減少に対して，社会所得の現実的減少と呼ぶものに当たるのである。

## 78

もし $p_0D_0 < p_1D_1$ とすれば，$p_0$ は常に $p_1$ よりも小，したがって $D_0$ は $D_1$ よりも大なるがゆえに，上に論じたると同一の推理によって，次のことが証明せられるであろう。社会所得は，商品の騰貴の結果名目的には増加すべく，その増加の額は，だいたい $p_1D_1-p_0D_0$ すなわち騰貴したる商品生産者の所得に起こる増加に等しい。しかしこの場合，消費者がこうむる損失は，その所得の減少に等しき損失であって，その式は前のごとく

$$(p_1-p_0)D_1$$

となる。また社会所得の名目的増加は

$$p_1D_1-p_0D_0$$

なるがゆえに，その差

$$p_0(D_0-D_1)$$

は前のごとく社会所得の実質的減少を測るものとなる。ただこの場合には，この〔社会〕所得が名目的増加をなしたというにすぎない。

$p_1D_1$ の価値が分配せられる生産者に対しては，この名目的増加がきわめて実質的なることは明らかである。しかしかれらは，消費者を犠牲にすることによってこの利益を得るものであり，消費者の損失は，生産者の獲得する利益を相殺して余りがある。ゆえに・全・体・と・し・て考えられた社会にとっては，名目的所得には増加があり，実質的所得には減少があるのである。

したがって，その生産費が零であるかあるいはきわめて小なる商品が問題となる場合には，社会所得の名目的増加に対して最も好都合なる条件は，この商品が1独占者の手中に落ちることである。けだし収益 $pD$ はこの場合極大値に

第11章 社会所得について

達するからである。しかしかかる命題にいかなる矛盾があろうとも，それはいま上になした所得の名目的変動と実質的変動との区別に注意すれば，直ちに消滅するものである。明らかにかかる商品の独占が，2, 3 あるいはそれ以上の生産者に分割せられるときは，この商品の価格は，第7章に与えられたる公式に従って順次に下落するであろう。しかし消費量は次第に増加していくゆえに社会所得は，名目的には減少しつつも，実質的には増加を見るのである。それは実際，かかる独占の力を弱めあるいはこれを消滅せしめることは，常に社会の利益たるのみであろうと教える常識に一致するものである。

## 79

生産費を要する商品が独占の下にある場合には，租税あるいは生産費の増加は，常にその商品の価格を引き上げその消費を減少するゆえに，社会所得に対しては，単に実質的減少のみならずなお名目的減少をも惹起すべきこと確実である。実際 $\varphi(D)$ をもって独占者の負担する生産費を測る関数とし，これに新たなる生産費が加わるものとすれば，$p_0$ は関数 $p D-\varphi(D)$ を極大ならしめる値なるがゆえに

$$p_0 D_0 - \varphi(D_0) > p_1 D_1 - \varphi(D_1)$$

となるべく，また $D_0$ は $D_1$ より大，したがって $\varphi(D_0)$ は $\varphi(D_1)$ よりも大なるがゆえになおさら $p_0 D_0 > p_1 D_1$ となる。

しかし生産費を要する商品が同時に独占から自由な商品である場合には，生産費の増加に基づく価格の騰貴は，常に社会所得の実質価値を減少するものである。ただしその名目価値は，最初の値 $p_0$ が $\pi$ なる値の下にあるか上にあるかに従って，増加することもありまた減少することもある。$\pi$ は収益 $pD$ を極大ならしめる値であり，実際その商品が生産費を要せず，またそれが独占の下にある場合の商品価格である。独占よりの解放は $p_0$ をして $\pi$ より小ならしめる傾向があるが，他方において，生産費は $p_0$ を $\pi$ より大ならしめる傾向がある。

事情のいかんによって，これらの互いに相反する方向に働く 2 原因のいずれか一つが他を凌ぐこととなるは明らかであり，したがって $p_0>\pi$ および $p_0<\pi$ なる二つの仮定は，等しくアプリオリに許容しうるのである(第24節参照)。

## 80

消費に対する租税が，いかにして名目的に社会所得を増加せしめ，同時にその実質価値を減少せしめうるかは，以上によって明らかである。租税 $i$ の賦課が，$p_1D_1-p_0D_0$ の大きさを正ならしめるときは，これはこの場合，所得の名目的増加を示すべく，一方国庫は生産価値 $p_1D_1$ の一部分 $iD_1$ を徴収する。しかし今日においては，この部分は決して国庫の中に蓄積せられることなく，あるいは国債利子の支払いにあてられ，あるいは俸給もしくは贈与として費やされ，またあるいは行政に必要なる消費財の購買に使用せられ，かくて幾多の消費階級の所得を構成するにいたるものである。ゆえに直接所得に課せられる租税に関しては，国庫は外国に支払うべき貢物を有せざる限り，単に社会所得の分配の（事実上はしばしば高圧的なるまた不正なる方法における）変更を目的とする中間的機械として働くのみであって，直接にその総価値を変更するものではない。いま消費税についていえば，国庫は総生産価値のうち租税の支払いに向けられたる部分 $iD_1$ に対して，この中間的機械の役目を演ずるものであり，租税はこれ以外になお $p_0(D_0-D_1)$ によって表わされる実質価値の減少を社会所得に惹起するのである。

## 81

生産費の増加は，社会所得の実質価値を減少せしめると同時に，事情のいかんに従って，その名目的所得をあるいは減少せしめあるいは増加せしめると同一の理由によって，生産費の減少は，常にこの所得の実質価値を増加すると同時に，事情のいかんに従って，その名目的所得をあるいは増加せしめあるいは

## 第11章 社会所得について

減少せしめる。たとえば，商品Aの生産費減少の結果したがってまたこれに伴う価格低落の結果，社会所得は名目的に

$$p_0 D_0 - p_1 D_1$$

だけ減少したりと想像しよう。

　下落以前よりこの商品を需要したる消費者の地位は，あたかもその商品の価格が変動せずしてその所得金額が

$$(p_0 - p_1) D_0$$

だけ増加したるに相等しい。

　第一の式を第二より減ずれば，われわれは残高として正数

$$p_1 (D_1 - D_0)$$

を得べく，これは社会所得の現実的増加を示すこととなる。価格の下落が社会所得の名目価値を増加したりとしても，すなわち $p_1 D_1 > p_0 D_0$ なりとしても，その結果は明らかに同一である。けだしこの場合には，$(p_0 - p_1) D_0$ に対して正数 $p_1 D_1 - p_0 D_0$ を加うることを必要とするのであるが，それは以上のごとく $p_0 D_0 - p_1 D_1$ を減ずることにほかならないからである。

　さらにこの結果は，直接に第77節と類似の考察によっても到達しうる。価格の下落は，その商品の年産額を $D_0$ より $D_1$ に増加する，しかしてこの事実のみをもってしても，年々 $p_1 (D_1 - D_0)$ に等しき価値が創造せられたのである。もっともこれより先すでに生産せられていた分量 $D_0$ については価格の下落によって生産者が不利益をこうむることは確かである。けれども生産者にとってその利益 $p_1 (D_1 - D_0)$ より控除せらるべきこの損失は，従来同様に引き続いて $D_0$ 量を買う消費者が価格の下落によって受ける利益と正確に相殺せられる。したがって結局社会にとっての実質の利益は，常に $p_1 (D_1 - D_0)$ と評価せられねばならないのである。

　われわれは価格の下落によって起こる社会所得の実質的増加を評価するにあたって，この商品の新消費者がその所得の一部分をより好ましく使用すること

から生ずる利益を，考慮の外に置く。けだしこの利益は，数字的に評価しえないものであり，またそれ自ら新たなる富を構成するものでないからである。もっとも商品Aが他の生産物の原料であるかまたは他の生産に対する要具なる場合には，それは結局は富の増加に導くものであろう。

## 82

従来われわれは生産費の騰貴ないし下落，租税の賦課ないし免除が，価格の騰落したがってまた生産の減増を惹起しても，一方需要の法則，すなわち$D$および$p$の大いさの間の関係は同一なるものと仮定してきた。しかし価格および生産量の変動が需要の法則を表わす関数$F(p)$の形の変動——それは消費者の嗜好，要求の変動より起こることもあればまた社会所得の分配態様の変動より起こることもある——より起こるとしても，第77節および第81節に用いたる直接の考察は等しく適用しえられるであろう。そこでわれわれはかかる変動の結果，商品Aに対する需要から離れる社会所得の部分を$h$とし，またこれが一体として商品Bに向けられ，したがって他の商品C, D, E等の生産者の所得はなんらの変動をもこうむらず，あるいは単に無視しうる変動をこうむるにすぎないものと仮定する。変動以前の商品Aに対する価格および需要を$p_0$および$D_0$，これらの量が変動以後に達する状態を$p_1$および$D_1$をもって表わせば

$$p_0 D_0 - p_1 D_1 = h$$

となるべく，またダッシュをもって，商品Bに関する量を商品Aに関する類似の量より区別すれば，同様にして

$$p_1' D_1' - p_0' D_0' = h$$

となり，したがってまた

$$p_0 D_0 - p_1 D_1 = p_1' D_1' - p_0' D_0' \tag{1}$$

となる。

すなわち社会所得は，その名目価値においては増加も減少もしない。けれど

## 第11章　社会所得について

もその実質価値には，一方において
$$p_0(D_0-D_1)$$
をもって表わされる損失があり，また他方において
$$p_1'(D_1'-D_0')$$
をもって表わされる実質的な利益がある。したがって実際の差額は
$$p_1'(D_1'-D_0') \gtreqless p_0(D_0-D_1) \tag{2}$$
のいかんによって有利にも不利にもなるべく，また有利不利の程度は，方程式(1)が満足されてある限り，この不等式の左辺と右辺との相違が大なるほどははなはだしくなるであろう。

われわれは方程式(1)の助けをかりて，不等式(2)を次のものに置き換えることができる。
$$(p_0'-p_1')D_0' \gtreqless (p_1-p_0)D_1$$

社会の富裕階級の消費を目的とする奢侈品は，一般に経済体系において次のごとき特質を有することは容易に見ることができる。すなわち富者は，その嗜好に投じたる商品に対しては直ちにその付与する価格を2倍3倍となしうるゆえに，需要におけるあるいは購買者の競争における僅少の変動も，価格においてははなはだ著しき変動を起こしうることこれである。これに反して，第一必要品とは考えられないまでも一般的に消費される商品については，価格における小変動が需要あるいは生産量の相当の変動に相応することが認められる。

したがって富の分配における大なる不平等を減少する傾きをもつ諸原因は，経済体系において，平均的ないし一般的に社会所得の実質価値を増加するがごとき作用をもつところの変動を惹起する傾きがある。

実質価値におけるこの増加は，需要の方向に起こる変化によって恵まれたる商品Bが原料あるいは新たなる生産の要具なる場合には，名目価値の増加をも伴うことがある。この見地よりすれば労働者階級の増加に好都合なる経済組織の変革は，かれらに必要なる財の生産を豊富にすべきがゆえに，また社会所得

の実質価値を増加する傾きがある。われわれの定義によれば，労働者の賃金は社会所得の主要なるまた最も重大なる部分を構成するがゆえである。

　価格における大なる変動が生産量の小なる変動に応ずるという点については，食料の基礎たる第一必要品は奢侈品と共通である。けだし貧困階級は，他の一切の需要を犠牲としてこれらの財の需要にあてることを要するからである。しかしかかる犠牲が長びけば，経済組織および人口の構成には必ず激烈なる擾乱が惹起されるに相違ない。かくて一時的擾乱を離れて単に平均価値を考えるときは，第一必要品においてもまた，生産量における大なる差異が価格における小なる変動に応ずるにすぎないことがわかる。

　この種の商品の価格における一時の暴騰は，消費における小なる差異に応ずることそれ自らによって，かかる騰貴はたとえそれが社会所得の価値を名目的に増加する場合といえども，なおその実質的減少をもたらすこととなる。それはわれわれの理論からいってもまた単に常識に訴えてもそうである。ただし，常に常識に一致するところのわれわれの理論の示すところによれば，かかる商品のこうむることあるべき漸次的ないし趨勢的騰貴に対しては，まったく反対の判断が与えられねばならない。

83

　われわれは同一の原理によって，新たなる商品あるいは新たなる交換価値がいわば経済体系の表面に現われたる場合の分析に導かれる。従来富の流通に現われざりし商品Nが，いまその一切の部分にわたって創造せられたりとして，その年々生産販売せられる量は$h$の値をもつものとする。しからばこの商品の買い手は，他の商品A，B，C等に対する需要よりその所得中の金額$h$を取り去ることとなる。しかしこの金額は，商品Nの生産者によって商品A，B，C等に対する需要合計として返却せられるがゆえに，旧経済体系が全体として擾乱せられねばならぬ理由はない。起こるところの変動は，いわば単純なる並置にす

## 第11章 社会所得について

ぎず，社会所得は，名目的にも実質的にも新商品生産者の所得を構成する金額 $h$ だけ増加するのである。

いかなる状態の下にかかる結果が生ずるかは，十分に注意せねばならない。けだしわれわれは，はなはだ異なる結果に導く仮定を容易に想像しうるからである。たとえば，交換がNおよびMの生産者間にのみ起こるものと想像し，したがって新商品を後者に売ることから生ずる所得 $h$ を享受する前者は，正しくこの所得を商品Mの購買に用うべく，かくてこの商品の生産には $h$ の値に応ずる増加が生ずるものとすれば，経済体系の他の一切の要素は不変としても，社会所得は，名目価値においてもまた実質価値においても，$h$ の額の2倍だけ増加することとなるであろう。すなわちHの生産者の全然新たなる所得およびMの生産者の所得における増加がそれである。

かかる特殊にしてしかも実際上ありえざる仮定に注意するときは，その仮定は無限に変化しうるがゆえに，本節において考察する問題は全然不定となるであろう。これに決定的解決を与えるがためには，商業関係の状態上実際的なる仮定のみから出発せねばならない。すなわち新商品の生産者は，任意の消費者にこれを売却し，またこの販売がかれに与える所得を他の任意の生産者よりの購買に使用するものと想像することを要するのであって，小都会の工匠がその顧客に互いに融通するがごとき合意の介在を許さず，また事物の性質がかかる合意より生ずべき結果と類似の結果に導くものたることを許さないのである。

しかしながら，たとえば，地主あるいは不動産の所有者階級が，賃金によって生活する労働者階級に対立する場合のごとく，生産者が二大範疇に分割せられる場合においては，また特に富の分配の態様がこれら2階級間に明確なる区別を設ける場合には，なおこの種の結果が起こることがある。もし労働人口が増加するか，あるいはかれらがその労働に対する熱心を増加するときは，その勤労の生産するところはほとんど全部地主階級の消費するところとなるべく，またこの産業の収穫は，ほとんど全部土地生産物に対する販路の設定および農

業の奨励ないし拡張に使用せられるであろう。富者は，自ら新たなる欲望の満足を見いだすと同時に，いなむしろこの事実に基づいて，その富が増加することを見るであろう。ゆえに社会所得は——われわれはこの中にすべての資本家の所得のみならずすべての労働者の賃金をも含ましめる——この特性のためにより速かなる歩調をもって増加することとなる。しかしながらこれは，かかる特性を生み出す富の分配方法が，社会全体の究極の利害に照らして他の方法よりまされりとするものではない。

これらの特殊の場合を論ずることは，理論の外に出づるものであり，またこれらはいわば経済体系の根本を撹乱するものである。よってわれわれはこれを除外して，均衡に近き状態において生ずるところを考察する。しからば新商品を流通せしめることは，その平均的結果として，この商品の年産額と正確に相等しき金額だけ，社会所得を増加すべきことが見られるのである。

## 84

人間が，その生活をより幸福ならしめまたその苦痛を軽減すべき新生産物を創造せんとすることと，社会生活の向上が新たなる欲望を刺激して従来要求されなかった商品に価値を付与することとは，経済学の見地よりすれば——一国民を支配するものが本質上奢侈なりや勤勉なりやを見て，その運命について種種雑多の意見を与えることは，倫理家ないし政治家の仕事であろう——その結果を一にする。奢侈は国民を富裕にするとは，正鵠を得たる言葉である。その意味は，それが奢侈および社会生活の向上があって初めて使用せらるべき新生産物を流通せしめるがゆえに，社会所得を増加するというにある。がまた奢侈は奢侈品の生産が間接にか直接にかさらに生産の要具たるべき他の商品を犠牲としてのみ行なわれる場合には，単に倫理的ないし政治的意味においてのみならず，言葉の商業的意味においてさえもまた，国民を衰亡に導くものといわれており，これまた同様に真理たるを失わない。

## 第11章 社会所得について

スミスおよび特に J.B. セーによってなされたる不生産的消費と再生産的消費との区別が，もし十分の明快さを有せずまた十分に満足なる発展を有せずとするならば，われわれはここにおいてこの区別をなさねばならない。その所得の一部分 $h$ を節約し，あるいは資本化する人は，かれに対して単に不生産的消費の享楽のみを提供する商品 A, B, C 等に対する需要から金額 $h$ を引き離して，これを生産用具に変形すべき商品 L, M, N 等に対する需要にあてるものである。需要に起こされるこの新たなる方向の結果は，ある職業を奨励して他を排することとなるべく，またある生産者階級の所得を増加して他の生産者を犠牲にすることとなるであろう。しかしすでに説明したる原理によって，単に平均的ないし一般的作用のみに着目すれば，社会所得は不変である。後に節約によって創造せられたる生産資本が果実を結ぶにいたって，旧所得は資本 $h$ の収益だけ増加することとなるのである。もちろん節約あるいは資本化は，一定の限界を超えうるものではない。しかして結局においては不生産的と呼ばれる消費こそ，いわゆる生産的消費の支配者であり，また目的たるものである。超ゆべからざる限界とはなんであるか？ 不生産的消費の生産的消費に対する関係はいかん？ これ理論のアプリオリに定めえないところである。けれども実際上は，まさに資本が有利に投資せられるということによって，その国民の状態は，なお節約が一般的富の進歩に貢献すると同時に，個人の将来の欲望ないし現在の必要に満足を与えつつあることを知るのである。

## 85

社会所得の名目的増加は，新生産設備の創造によっても新流通価値の生産によっても起こりうるが，また従来無償で与えられ，したがって交換価値をもちえなかった有用物が，事情の変化によって売価を与えられることによっても生ずる。ゆえに次のごとき場合には，社会所得の名目価値は，増加するものと考えてなんらの矛盾もない。たとえば，自然がわれわれの必要以上に豊富なる量

を与える水のごときものが希少となり，あるいは生産費を要することとなるがごとき，また各人が自由に使用しうる自然力，たとえば風の動力のごときものが，占有しうるものとなって，その所有者にはこれに対する賃借料を支払うことを要するがごときはこれである。もしこの言葉の中に矛盾ありとしても，それはわれわれが本章において示したる実質価値と名目価値との相違を考慮すれば消え去るものである。単純に空想的なる，また幾分スコラ哲学に類するかかる抗議を反駁するためにさらに説明を加えることは，われわれの必要とせざるところである。

## 86

われわれは上述の一切に対してなさるべきはるかに鋭き抗議に答えねばならない。人あるいは次のごとくいうであろう。商品Aの生産が減少して，たとえば $D_0$ から $D_1$ になるとしても，$D_0 - D_1$ 量の価値はそのために全然流通から除かれるものではない。その生産に用いられる原料は，他の用途を見いだすために価格の減少をこうむるとはいえ，なお他の用途を見いだすべく，またこの仕事に使用せられた労働者は，その賃金の高さには多少とも重大なる減少をこうむるとはいえ，その腕を他の生産者に貸すべく，最後にはまた，この生産に使用せられた資本は，その資本家が，もしやむをえずば要求する利子の額を減少することによって他の投資の途を見いだすものであると。一見われわれはこの重要なる事情を考慮しなかったかに見える。すなわちわれわれは商品Aの生産減少は，この生産減少高の価値にまったく等しき価値を流通から取り去るものとして推理したかに見える。

しかしわれわれがこの誤謬に陥れるものでないことを証明するために，一商品Mが直接消費の対象たる多数の商品A，B，C等に関する原料であると仮定しよう。しからば商品Aの生産者数の中には，商品Aの製造に使用せられる原料の一つをこの用途に必要なる数量に応じて供給すべきMの諸生産者が含まれて

## 第11章 社会所得について

いなければならぬ（第74節）。同様のことは，商品B，C等についてもいいうる。したがってMの任意の生産者の所得は，数個の部分に分解せられて，その一部分についてはAの生産者の中に数えられ，他の部分についてはBの生産者の中に数えられ，以下同様である。かくて商品Aの消費における減少も，それが商品Bの生産増加をもたらす場合には，Mの生産者はA合成品の製造に対する販売高の減少によってこうむる損失を，合成品Bの製造に対する販売高の増加によって償うことがあるであろう。しかし行論の便宜のためには，Mのこの生産者の代わりに $M_1$ および $M_2$ の2生産者を想像し，その一方は商品Aの製造に対する原料のみを，他方は商品Bに対するもののみを供給し，したがって $M_1$ は単にAの生産者中に，$M_2$ はBの生産者中に数えられるものと考えても，なんらさしつかえはない。ところでわれわれは平均的結果を評価するために，商品Aに対する需要から取り去られる資金が商品 B，C 等の需要に移転する場合を考慮したのである。ゆえにわれわれは暗黙の間にこの根本的な事情を考慮しているのであって，われわれが本節において論駁せんと欲するところの非難は，この考慮を忘れるときにおいてのみ理由あるものとなるのである。

原料としての役目を演ずるいわゆる本来の商品について上に述べるところは生産の最終の目的たる合成商品の製造に協力する労働者の賃金にも，また資本の利子にも，同様に適用せられる。一労働者が，最初は商品Aの生産に従事し，次にはAの生産に起こる減少の結果として，商品Bの生産に従事するときは，その労働者は，まずAの生産者中に数えられ，次にはBの生産者中に数えられて，労働者の賃金をも含むA団の所得は減少しB団の所得は増加する。それは，われわれの問題とする評価に関しては，同一の労働者が一の職業より他に移りえないものとして，Bの労働者に対する労働需要が増加し，Aの労働者に対するそれが減少したると全然同一である。

最後に，われわれは常に商品という言葉を用い，またほとんどこれのみを用いているが，本書において商品とは，欲望の満足あるいは享楽の獲得を目的と

する用役の提供にほかならぬことを見のがしてはならない（第8節）。すなわちわれわれが，資金は商品Aに対する需要から離れて商品Bに対する需要にあてられるという場合には，この表現の意味は，資金はいわゆる本来の商品に対する需要から離れて勤労の支払いに用いられるとも，あるいはその逆ともとることができるのである。大都市の住民が居酒屋に対する趣味を失ってこれを演劇に転ずるときは，従来アルコール飲料に対する需要に用いられた資金は，俳優・脚本家および音楽家の支払いにあてられることとなるべく，かれらの年収益は，われわれの定義に従えば，ぶどう園所有者の地代，ぶどう採取人の賃金および居酒屋の利潤と同様に，社会所得の貸借対照表に現われるのである。

# 第12章
# 通商より生ずる社会所得の変動について

### 87

　第10章において，われわれは価格の決定ならびに生産者の所得に及ぼす市場連絡の作用を研究した。今やわれわれは前章に展開したる理論の根底たりし原理に従って，2市場間の連絡，2市場間の商業——あるいは一市場より他に対する商品の輸出といってもいい——が，いかにして輸出入両市場における社会所得の価値を変動せしめるかを研究せんとするのである。

　この問題は，国民と国民との商業関係を考察する場合に，特に大なる興味を喚起する。かかる商業関係は必然的に政府の統制に服せざるをえないからである。この場合には社会所得という言葉は国民所得に代えることができるであろう。しかしそれは政府あるいは国家が租税より獲得しかつ国家の経費支弁にあてるところの所得を意味するものではなく，国家領域の全部にわたる個人的所得，すなわち地代，利潤および各種の賃金の合計を示すものである。

　ここにわれわれは，一切の政治経済学の体系がいわばそれを目ざして建築せられているところの一問題に近づきつつあることを見る。この問題たる，2世紀の間，著述家，学者および政治家によって論究せられているものである。われわれは政治家の見地からこの問題に進まんとする大胆さを有しない。いな，

われわれはこれに反して，理論的方面よりこの問題を考察すれば，これを最も簡単なる形に帰しうること，したがって単にこれを叙述するだけでも，それは誤れる体系を倒壊することによって，諸国民の運命に根本的関係を有する実際的知識への道をひらくものであると確信する。このゆえにこそ，われわれがここに吟味するところの考察は，単なる知的演習ないし空想的抽象以上のなにものかであると考えられるのである。

　正確なる記号及び最も厳密なる説明方法をもって，幾多の論争文献によって投げかけられたもろもろの困難を数行の中に説明することは常に利益であろう。

## 88

　AおよびBは輸出および輸入市場，MはAよりBに輸出せられる商品，$p_a$ および $D_a$ はなんらかの原因，たとえば禁止令のために，商品の輸出が不可能なりし時期のA市場におけるその商品の価格および需要量，$p_b$ および $D_b$ は同時期におけるB市場における価格および需要量，$p_a'$ および $D_a'$ は通商成立後のAにおける価格および生産高，$p_b'$ および $D_b'$ はBにおける価格および生産高，$\Delta$ は通商後のAにおける消費高あるいはAにおける消費者の価格 $p_a'$ に応ずる需要量，またEは輸出高，したがって $D_a' = \Delta + E$ なりとしよう。

　Aにおける生産者は，その所得に $p_a'D_a' - p_aD_a$ の増加を得る。しかしてわれわれは，$p_a' > p_a$, $D_a' > D_a$ と想像することを要するがゆえに，明らかに $p_a'D_a' > p_aD_a$ である。独占の結果として通商が輸出市場においてさえも価格を下落せしめるという場合は実際上きわめてまれであるから，われわれはかかる場合にとどまる必要はない。しかのみならず，以下の行論をかかる特殊の仮定に合するように修正することはこの上もなく容易なことである。

　引き続いて商品Mを買うA市場の消費者は，従来他の商品N，P，Q等に捧げていたその所得部分から

$$(p_a' - p_a)\Delta \tag{1}$$

## 第12章 通商より生ずる社会所得の変動について

に等しき価値を取り去ることとなる。

これに反して，価格の騰貴によって購買を阻止せられた人々は，従来商品N, P, Q等の需要に捧げていた資金に

$$p_a(D_a-\varDelta) \tag{2}$$

に等しき価値を加えることができる。

最後に市場Aは，輸出によって $p_a'E$ に等しき価値を与えるゆえに，その代わりとしてなんらかのある商品においてその等価を受け取るべく，したがって国内市場においては輸出の事実によって

$$p_a'E \tag{3}$$

の価値が，商品N, P, Q等に対する需要から取り去られて，外国産の商品に対する需要にあてられることとなり，かくて外国生産者の所得を構成することとなる。しかし (1) 式および (3) 式を加えこの合計より (2) 式を差し引けば，その結果として $p_a'D_a'-p_aD_a$ を得る（$D_a'=\varDelta+E$ なる関係によって）。すなわちその価値は商品Mの生産者の所得における増加価値とまったく相等しい。したがって商品N, P, Q等の需要に用いうべき資金の合計額は不変であるゆえにわれわれは，すでに十分に説明したる単純化の仮定を利用してAにおける国民所得あるいはAにおける生産者の所得合計は，商品Mの輸出の結果正確に

$$p_a'D_a'-p_aD_a$$

に等しき価値だけ増加したるものと認めうる。

しかしこれは所得の名目的増加にすぎない。$\varDelta$ によって表わされる商品量に対して価格 $p_a$ において支払う代わりに価格 $p_a'$ において支払った消費者は，この商品の価格になんらの変動なくしてその所得が

$$(p_a'-p_a)\varDelta$$

だけ減少したると全然同一の立場にある。

後者の金額を前者より控除すれば，その残高として

$$p_a'(D_a'-\varDelta)-p_a(D_a-\varDelta)=p_a'E-p_a(D_a-\varDelta) \tag{4}$$

を得る。したがってわれわれの根本原理によれば，この式は国民所得の実質的増加を表わすものとなるであろう。$p_a' > p_a$ でありまた他方 $E > D_a - \Delta$ である，ゆえにこの増加は常に正であって決して実質の減少に化することはない。

　もし輸出が商品の価格を騰貴せしめず，また国内市場における消費を減少せしめずとすれば，この増加は正確に $p_a'E$ すなわち輸出価値となるであろう。これは製造品について起こりうるところであって，この場合には実質的増加を名目的増加から区別することができない。

　商品Mの輸出に基づく所得の実質的増加を導くにあたって，われわれは，騰貴したる商品の購買を中止し，そのために所得の一部分をより好まざる用途に使用したる国内消費者階級のこうむる損失を考慮していない。すでに証明したるごとく，この損失は計量しえないものであって，また直接には言葉の商業的意味においても数学的意味においても，国民所得に影響しないものである。もちろん間接にはこれに影響することがある。騰貴したる商品の欠乏が，これを原料の一つとする他の商品の生産を阻害する場合がそれである。けれども理論を簡単ならしめまたその適用を一般的ならしめるために，最初はこの二次的の影響を消去し，われわれが応用および特殊の場合に移るときに初めて，これに必要なる注意を払うこととするほうが適当である。

　さらに商品Mの輸出による国民所得の実質的増加を表わすものとしていま与えられたる(4)の表現は，直接なるまたきわめて簡単なる考察によっても見いだすことができる。

　この輸出は，市場Aをして外国産の商品を享受せしめた。その価値は $p_a'E$ である。これに代えて，それは商品Mの $D_a - \Delta$ 量を与えた。その価値は $p_a(D_a - \Delta)$ である。すなわち利益は $p_a'E - p_a(D_a - \Delta)$ となる。Aにおいて続けて消費される商品Mの量の価値が増加することについては，もしこれがこの市場の生産者になんらかの利益をもたらすことありとしても，この利益は同市場において消費者がこうむる損失によって完全に相殺せられるがゆえに，(4)の表現

第12章　通商より生ずる社会所得の変動について

はなお輸出国の所得増加の実質的価値を測るものである。

**89**

　われわれは輸入市場Bに対する商品運送の結果に移ろう。この市場における商品Mの生産者は $p_b D_b - p_b' D_b'$ によって表わされたる所得の減少をこうむる。$p_b > p_b'$, $D_b > D_b'$ なるべく，よって明らかに $p_b D_b > p_b' D_b'$ となる。

　下落以前よりすでに買っていた消費者は，

$$(p_b - p_b') D_b \tag{5}$$

に等しき価値を他の商品R，S，T等の需要に移すべく，一方価格の下落に誘われて買う消費者は，他の商品の需要に捧げたりし所得部分から

$$p_b'(D_b' + E - D_b) \tag{6}$$

の価値を引き去るであろう。

　最後に $p_b'E$ の価値に等しきだけは，なんらかの商品の形において市場Bから取り去られねばならないゆえに，

$$p_b'E \tag{7}$$

に等しき外国資金が，従来Bの市場においてM以外の商品 R，S，T 等に対する需要に捧げられていた資金に，加えられることを考慮せねばならない。さて式(5)および(7)を加え，この合計から(6)式を差し引けば，その結果として $p_b D_b - p_b' D_b'$ を得る。すなわちその価値は，B市場における商品Mの生産者の所得が減少したる価値と全然相等しいのである。ゆえにすでに理解せられたはずの原理について証明を繰り返す必要なしとすれば，この価値

$$p_b D_b - p_b' D_b'$$

そのものは，AよりBへの商品Mの輸入より生ずるBの国民所得の名目的減少を表わすことが認められる。

　下落以前から買っていた消費者は，事実上，下落以後にはその所得が

$$(p_b - p_b') D_b$$

だけ増加したるとまったく同一の地位にあるといわねばならない。
　この相違をとれば
$$p_b{}'(D_b - D_b{}') \tag{8}$$
なる表現が得られる。これはBの国民所得の，輸入に基づく実質的減少を表わすものである。

　われわれは価格の下落の結果として買うところの消費者が，かくしてその所得の一部分を・より好ましい・方面に使用しうることから生ずる利益を，所得のこの実質的減少から控除すべき金額とは考えない。この利益は評価しえざるものであって，価格の下落したる商品が原料たるかあるいはさらに他の生産の要具たる場合には，間接に富の量を増加しうるというにすぎない。かかる事情は，各個々の応用にあたって別に考察せらるべきものである。

　さらにわれわれが商品Mの輸入の結果たるBの国民所得における減少を表わすものとして与えたる式(8)は，直接の考察によってもまた到達しうる。実際市場Bは輸入商品の価値を享受すべく，その価値は $p_b{}'E$ で表わされる。しかしこれがためには，それは正確に等しき価値を与えている。市場Bにおいて従来生産消費せられまた輸入後にも引き続いて生産消費せられる量 $D_b{}'$ の価値は下落する。しかしこれより生ずる国内生産者の損失は，その商品を安価に買う国内消費者の得る利益によって正確に相殺せられる。$D_b - D_b{}'$ の量は輸入後Bにおいて生産せられざるがゆえに，国内生産者には $p_b(D_b - D_b{}')$ に等しき損失が生ずる。しかしこの損失は，輸入の結果従来 $p_b$ を支払えると同様のものを $p_b{}'$ の価格において獲得しうる国内消費者の利益によって $(p_b - p_b{}')(D_b - D_b{}')$ の点までは償われるものである。ゆえに輸入によってBの国民所得に惹起される実質的損失は，結局 $p_b{}'(D_b - D_b{}')$ に等しい。

　異国趣味・・・の商品，あるいは気候，地味，富力ないし住民の知識程度の関係上Bにおいてはその生産の自然的条件が存在しない商品が問題となる場合には，$D_b$ あるいは $D_b{}'$ の量は零に等しいかあるいは取るに足らぬ大いさとなること

## 第12章 通商より生ずる社会所得の変動について

はきわめて重大なる注意事項である。この場合には，Bの国民所得は名目的にも実質的にも輸入の結果減少することはなく，一方輸出市場においては，常に名目的ならびに実質的増加があるのである。

## 90

　以上の公式およびこれに伴う説明において運送費を考慮することは無用であろう。運送費の中には，実際運送に必要なる作業に使用せられる人々の賃金，商人の利益およびこの事業に用いられる資本の利子が含まれる。が一般の例としては，運送事業は市場AおよびBのいずれにもあらざる第三国によってまたその資本によって行なわれるのを常とする。この場合 $(p_b'-p_a')E$ に等しき運送の費用あるいは利益は，第三国の所得の源泉たるべく，それはこの運送を実行することに貢献する使用人および資本家の間に分配せられるのである。もしこの事業が，A国の商人によってまたこの国民に属する資本によって経営せられるときは，単純なる輸出の事実より生ずる国民所得の名目的増加を表わす価値 $p_a'D_a'-p_aD_a$ および実質的増加を示す式（4）に対して，この金額 $(p_b'-p_a')E$ を加えねばならない。この最後の表現〔すなわち式（4）〕は，これによって
$$p_b'E - p_a(D_a - \Delta)$$
となる。

　これに反して，もし運送の事業がB国民に属する商人および資本をもって経営せられる場合には，輸入の事実より生ずるBの国民所得における名目的減少を表わす $p_bD_b - p_b'D_b'$ あるいは同所得の実質的減少を表わす式（8）から $(p_b'-p_a')E$ の価値を控除しなければならない。したがってわれわれは同様にして
$$p_b'(D_b - D_b') - (p_b' - p_a')E = p_a'E - p_b'\{E - (D_b - D_b')\}$$
を得る。

　また同時に次の2不等式
$$p_a' < p_b' \quad \text{および} \quad E < E - (D_b - D_b')$$

が成り立つ。ゆえに明らかに $p_a'E < p_b'\{E-(D_b-D_b')\}$ となる。

特に注意に値することは，以上の仮定の下においてはこれらの不等式の結果，運送事業より得られる賃金および利潤が，B国にとって輸入より生ずる国民所得の実質的減少を償って余りがあるということである。

このことからさらにはるかに重要な系が生ずる。すなわち同一領土の2部分間の運送事業が，通常見受けるように，共にその国に属する商人および資本をもって経営せられるときは，必然的にその国民所得の実質的価値を増加することこれである。けだしこの所得の増加は，数式

$$\{p_a'E - p_a(D_a-\varDelta)\} + \{p_b'[E-(D_b-D_b')] - p_a'E\}$$

によって説明せらるべく，その数式を大かっこによって分割する2主要部分は，われわれの見たるところによって共に必然的に正なるがゆえである。この数式はさらに簡単にして

$$p_b'\{E-(D_b-D_b')\} - p_a(D_a-\varDelta) \tag{9}$$

とすることができる。

かくて，一国のある部分から他の部分に対する商品の自由なる通過は，われわれが第10章において見たように，生産量を増加せず，いなときとしてはかえって減少することがあるべく，したがってそれは国民所得の名目価値を増加せずあるいはかえって減少することがありうるのであるが，しかもそれは必然的にこの所得の実質価値を増加せねばならない。われわれがこの決定にさいして依れる条件は，それ自らになんら任意の点を有せず，いなむしろ行論の間に問題の所与から自然的に得られたものである。

したがってこの結果を一般化すれば，同一領土の2部分間における最高度の交通の発達は，必ずしも国民所得の名目価値を極大ならしめるものではなく，また必ずしも最大の生産量をもたらしあるいは最も完全なる生産能力を発揮せしめるものではない。しかし他の事情にして不変なる限り，それは国民所得の実質価値を極大ならしめ，また最も有利なる生産を決定するものである。

## 第12章　通商より生ずる社会所得の変動について

　余の知れる範囲において，経済学のこの基本的原理は，常に漠然とは理解せられているものの未だかつて厳密なる推理によって証明せられたこともなく，またその真実の前提から演繹せられたこともない。その一つの証拠としてはスミス学派の見解がある。すなわちかれらは諸国民間の障壁を除く目的をもって常に1個の領土内における障壁の撤回ないし交通路拡張の必然的結果たる争いがたき富の増加を論証している。けれども証拠として提供せられる引例と，これを適用せんと欲する場合との間には，上述の計算より生ずるがごとく，またわれわれが直ちに進んで説明するがごとく，根本的の懸隔が存するのである。

　同一領土の2部分間においては，運送事業は国民所得を増加すべく，その増加は当該商品が輸入市場において生産しえざるかあるいは生産が困難なる場合において最も著しい。けだしこの場合には，(9)式においてマイナスとして入り来たる $p_b{}'(D_b - D_b{}')$ 項は零となるか，あるいは正の諸項に比較してきわめて小となるからである。

## 91

　われわれは，商業取引が国民と国民との間に行なわれる場合に立ち返って，前のごとく輸出国，輸入国あるいは第三国の利益となるべき運送利益を考慮しないこととしよう。われわれは単にA市場に対しては輸出の事実より生じ，またB市場に対しては輸入の事実より生ずる，国民所得の変動に注意を集中するのである。その結果はすでに明瞭に確立せられているが，特殊の抗議を防ぐためには，なお二，三の説明を加えねばならない。

　人あるいはいう。一商品の輸出は必ずその輸出市場において正確に等しき価値の輸入を惹起すべく，また逆に一市場への輸入は等価の輸出を惹起する。かくて市場AおよびBのおのおのは，同時に輸入するものと考えられねばならないゆえに，この場合前者の富に対する通商設定の影響が，なんらかの意味において後者の富に対する影響と異なるべき理由は存しない。ゆえにわれわれの見

いだした公式は，誤謬であり不完全であって，またこれより引き出した帰結は不正確である，と。

さらに（しかしてこれはアダム・スミス学派の著者が好んで用うる議論である）輸出市場に帰するものと認められたる利益，および輸入市場がこうむるものと認められたる不利益よりすれば，一国民は常に輸出して決して輸入することなきように処置せねばならないことになるが，これは明らかに不合理である。けだし輸出は輸入を条件としてのみ行なわれうべく，また一国の市場を去る瞬間において計算せられたる輸出価値の合計は，必然的にその国の市場に到着する瞬間において計算したる輸入価値に等しからざるをえないからである，と。

これらの議論は少しく考察すればことごとく消失するものである。この考察たる，抽象的のものには相違ないが，本質的にこの主題に関係するものである。

われわれが最初完全に孤立したる2市場を想像しその間の障壁が突然取り去られたりとすれば，障壁の撤回はおそらくAよりBへ数種の商品 M, N, P 等の輸出を惹起すると同時に，BよりAへ他の種類の商品 R, S, T等の輸出を惹起することとなるに相違ない。ゆえにAおよびBの国民所得に対する障壁撤回の作用を評価するには，これらの国民のおのおのが同時に輸入国および輸出国の役目を演ずるものと考えることを要すべく，それは大いに問題を複雑ならしめまた複雑なる結果に導くこととなる。

われわれがこれまで論じ来たった仮定はこの種のものではない。われわれの想定は，商品Mに関するものを除けば，AB市場間の通商条件にはなんらの変動なしとするにあったのである。それはMがその輸出を禁止せられたる唯一の商品であって，その禁止がちょうどいま解除せられたるものと想定してもいい。かくのごとく，単に唯一の商品にのみに影響する障壁撤回の作用はいかなるものであろうか。

もちろんM商品の$E$量がAよりBへ流出するには，BよりAへ直接にあるいはなんらかの間接的方法において等価の流入が伴わざるをえない。しかし輸入

## 第12章　通商より生ずる社会所得の変動について

の事実からB市場において必然的となるところの外国品に対するこの需要については，われわれはすでに考察している。すなわちわれわれはすでに外国品に対する需要の増加が，輸入の結果としてM商品の国内生産者のこうむる損失によって，また国内消費者がM以外の商品R，S，T等に対する総需要に充当しうべき資金の減少によって，相殺せられて余りあることを示した。同様にわれわれは，A市場において従来国内生産物の需要に捧げられたる資金の一部分が，外国産商品に対する需要のために取り去られることを考察して，外国の利益となるこの転換は，商品Mの国内生産者の富における輸出に基づく利益および国内消費者がM以外の商品　N，P，Q　等の需要に充当しうる総金額の増加によって，相殺せられて余りあることを示したのである。ゆえにわれわれは問題の一切の材料を考慮に入れたのであって，またこれらの材料によれば市場AおよびBは対称の状態にあるものではない。したがってわれわれの両市場に対して見いだした公式が対称的でなくとも，いなその結果が反対の傾向を示すことありとしても驚くには当たらないのである。

　これよりして一国が決して輸入することなく輸出を継続することは，不合理であると同様に，これを企てることもまた言葉の矛盾であろう。けだし輸出価値に等しきものは，貴金属によるとしからざるとを問わず必ず輸入せらるべく，その形式のごときはこの点に関してなんらの関係をも有せざるがゆえである。しかしそれにもかかわらず与えられたる交通および商業関係においてある種の商品の輸出あるいは輸入に対して障壁を設ける政府の行為は，なお上の理論によって説明がつくのである。

　Aの生産者の利益のためにする障壁の設定が，報復的にこの第一の障壁設定の目的とせられたBの生産者の利益のためにする新たなる障壁設定を惹起する場合には，問題はもはや同一ではない。この場合には，Aの政府は第一の手段によってAの人民に対して生ずる利益を報復による不利益に対して比較考量せねばならない。かくて二つの市場AおよびBは再び対称の状態に置かるべく，

またおのおのが輸出入市場として二重の役目を演ずるものと考えられねばならない。

## 92

これらの一切の議論において，貨幣金属の特殊の役目に対しては明らかになんらの注意も払われていない。しかも貨幣の使用が存在せずとしても，理論に変化なきことは明らかである。けだし富の理論において，貨幣の役目は一つの偶然的現象にすぎないからである。この点については，すでにスミスおよびその学派の学者が幾多の形式において十分叙述しているゆえに，われわれはこれを繰り返さない。この著述の目的は，すでに熟知せられている真理を配列するよりはむしろ若干の新見解を示すことにある。スミスは力と抑揚とに満ちた驚嘆すべき論法をもって，もはや維持すべからざるいわゆる貿易均衡説を完全に破壊している。かれ自らの誤謬は——それはかれの説を奉ずる人々によってはるかに極端となれるものであるが——この学説と，いかなる意味においてもこれに依頼するところなき保護関税理論とを同一視したることにある。しかしてこの誤謬は，関税維持に利益を有する党派が当時信用厚かりし学説の蔭に自らを衛る必要から自然に生じたものであって，この学説こそ貿易均衡のそれであったのである。

スミスが貿易均衡説に対してではなく，国富に関係する関税の理論に対して提出する一切の抗議は，われわれの論じたる原理によって答えられる。われわれはスミスの後継者間にすでに一種の古典となっているところの一つの比喩を引用しよう。いわく「スコットランドにおいても多大の労苦と出費とをもってすれば温室においてぶどうを栽培しうべく，またそれから最良のぶどう酒を造りうる」と。これによってかれの暗示するところは，しからばわれわれは関税の理論に従ってスコットランドにおけるその生産を奨励し，かつその国民所得額を増加してフランスおよびポルトガルぶどう酒の輸入はこれを禁止すべきで

— 144 —

## 第12章 通商より生ずる社会所得の変動について

あるか,ということになる。

その答は次のごとくになる。すなわちかくてスコットランドに生産せられるぶどう酒が飲用しうるものとしても,その価格は非常に高くなって,これに対する需要は零かあるいはほとんど零に近くなるであろう。したがってわれわれは第89節に指摘したる場合に遭遇せざるをえない。外国商品の輸入がまったく国民所得に影響しない場合これである。スコットランドは外国のぶどう酒〔の輸入〕を禁止することによって,自ら甘んじてこれらのぶどう酒の消費に伴う享楽を奪うのである。それはさらにスコットランドの産業および資本が,ポルトガルのぶどう酒を市場にもたらす商業交通に関与する程度に応じて評価しうべき利益をも失うこととなる。ただし外国ぶどう酒の輸入が,スコットランド人の用うる他の国内産アルコール飲料の消費を著しく減少するときは,事態はいっそう複雑となるであろう。しかしながらスコットランドにおけるぶどう酒は高価なるがゆえに,すなわちその飲用は富者階級にのみ限られるほど高価なるがゆえに,これらのぶどう酒の輸入のために国内産アルコール飲料の需要および価格が著しき減少をこうむることなしとしてさしつかえない。

### 93

さらに抗議するものはいう。ある領土において輸入の結果,ある商品の生産が中止せられるか,または生産せられてもその分量が少なくなるとすれば,この商品の原料,その生産に用いられたる資本およびこの製造に用いられたる労働力は,他の用途を求むべく,また逆に輸出がある商品の生産を奨励する場合には,その生産の増加は,労働力,資本および原料を他の用途から転ずることによって初めて起こりうるのである,と。この説明を軽々にのみ見るときは,われわれはM商品の生産減少は原料の供給その他によって,生産の中止せられたる商品の製造に協力したるすべての人々の所得を減少せしむべく,また同一商品Mの生産増加は,原料の供給その他によって,いま新たに生産せられたる

商品の製造に協力するすべての人々にまったく新たなる所得増加を与えるものと論じたるかに見える。

この抗議に対しては，われわれはあらかじめ第86節に与えたる説明をもって答えてあり，またわれわれはこの職業移動の事情がいかにして暗々裡に考察せられているかを明らかにしている。これは直接関係ある生産者に対してはもちろん，また一つの商業政策より他に移る苦痛を軽減する意味において社会一般にとってさえも重大なことがらである。しかし免れえざる移動状態の苦痛が消滅したる後において，政策の変動が社会所得に及ぼす影響を数学的に評価することのみを問題とする場合においては，まったく無関係なことがらである。

94

われわれの原理とわれわれの対抗しつつある理論的誤謬との分離を，いっそう明瞭に示すためにスミス学派の有名なる一学者からいま一つの例を借用しよう。すなわち J. B. セー はいわく*

 * Traité d'économie politique, Liv. I, ch. 9.

「リガ (Riga) よりアーヴル (Hàvre) への大麻の運送は，一オランダ船主にとって1トン35フランの経費を要する。他の何人もこれほど廉価にはできないであろうが，余はオランダ人にはできると想定する。かれはロシヤ麻の消費者たるフランス政府に対して1トン40フランをもってこの運送に当たることを申し出る。かくてかれは明らかに5フランの利益を得るのである。さらに余はフランス政府は，フランスの船主を保護する希望からフランスの船舶を使用することに定めたりと想像し，しかもフランスの船舶においては同一の運送が50フランを要すべく，したがって同額の利益を得るためには55フランの支払いを要するものとする。その結果はいかん。政府はその人民に5フランの利益を与えるために，1トンについて15フランを消費することを要すべく，また一般経費に支弁せらるべき租税を支払うものは人民にほかならざるがゆえに，この計

## 第12章 通商より生ずる社会所得の変動について

画はあるフランス人に5フランの利益を与えんがためにフランス人一般が15フランを費やすこととなるであろう。」

この推理はフランス船主が外国船舶，たとえばアメリカの海員を載せ，アメリカ製の食糧を登載せるアメリカ船舶を傭船して，リガにおいてロシヤ麻を積み込み，これをアーブルに運送せしめる場合には争いえざるものであろう。実際この場合には，1トン5フランの利益をフランスの船主に与えんがために，あるいはこの利益が年々フランスの船主に与うべき所得によって国民所得を増加するために，国家はフランスの船主およびアメリカの船員に代えて，オランダの船主およびオランダの船員を使用する場合に与える金額よりも，1トンについて15フランの超過金額をなんらかの形において外国の労働者および生産者の利益として与えねばならないのである。

しかしかかる計画から国家のこうむる損害はきわめて明白であって，セーの論ぜんとするものがこれであるとは思われない。反対にフランスの船主は自国の船員を使用し，その船舶の船体および船具はフランス製であり，その食糧は国内生産品なることはかれの明らかに承認するところである。すなわちかれはこの仮定から出発して，国民所得が当該計画の結果たる船主の利益の程度だけ増加したるにすぎないと推理するものである。

しかし1トンについてのこの55フランは，各種のフランス国の製造者ないし生産者に分割せらるべきものである。なにゆえに，乗組を構成する船長，運転士，舵手，あるいは船員の部分よりも，さらにまたフランスの船渠においてその船の建造および艤装のために働きたる船大工および製綱職人の部分よりも，あるいはまた船の装飾および食糧登載にその生産物の消費せられているフランスの地主の部分よりも，特に船主の部分を選び出したのであるか。船主の勤労およびその資本の利子を同一の仕事に貢献する他の人々の勤労および他の生産設備の報酬から区別する本質的特徴は，果たしていずこに存するのであるか。

この区別は，ただ暗黙の裡に次のごとく想像することによってのみ説明しう

る。すなわち政府が40フランの運賃をオランダの船主に与える場合には，フランスの船主は，その勤労ないし資本のいずれかのために，仕事を見いだしえざるものと想像し，他方乗組船員は他の船に仕事を見いだしうるか，あるいは他の職業から同額の賃金を提供せられるものと想像し，さらに最後には政府が庸船を中止したるフランスの船舶の建造，装飾および食糧登載に用いられる諸商品には，他の販路が見いだされるものと想像することこれである。

しかしながら船主に対してなされるこの仮定は，他の国内従業者ないし生産者に対する反対の仮定と同様に任意のものである。のみならずある従業者ないし生産者に対しては，奪われたる職業ないし販路に代わりうべき他の職業ないし他の販路があるというこの事情は，問題にはまったくなんの関係もないものである。フランス国はオランダの庸船を支払うためになんらかの形において1トン40フランを与える。したがってこの価値はフランスのある労働者および生産者の所得を構成しなくなる。もし引き続いて多数の船舶が建造艤装せられ，これに食糧が登載せられるならば，その資金は必要なる程度までこれを他の需要から引き離すことを要するであろう。損失は他の労働者および生産者階級に転嫁せられる。けれども一般的考察には複雑にすぎるところの第二次の反動および擾乱を常に無視していえば，国民所得の損耗にはなんらの変化もないこととなる。

以上の仮定の下において政府の考慮すべきことは二様になる。けだし政府が自国民を外国人よりも優待しうる程度は，いかなる価を支払ってもという程度には達しえないからである。もっともたとえば（J. B. セーが正しくいえるごとく）商船の奨励が海軍の維持に欠くべからざるものであり，海軍そのものの放棄は国家の安泰と政治的権力の剝奪とを意味するというがごとく，国家の安全に関する利害が問題となる場合は別である。われわれの領域を超えたるかかる少数の場合を除いては政府は，1）　いっそう有利に，すなわち国富の究極の増加のためにいっそう有利に使用しうべき商品および勤労を消費することに顧みて，

## 第12章　通商より生ずる社会所得の変動について

また，2）　ある特殊の生産者階級の所得を増加せしめるために一国の財政，換言すれば一般市民の負担を不当に重からしめることに顧みて，自国の商船に与える奨励が過度のものならざるかを反省せねばならない。けだし国民所得が増加すること，すなわち一方の利益が他方の損失よりも大なりというのみでは十分でないからである。衡平の原理はすべての国すべての時代を通じて存する。特にわれわれの生活する国家および時代を支配しつつある平等の原理は，国家の権力行為が事物の自然的不平等を増進するがごとき傾向をもつことを許さないのである。

### 95

貿易の自由を禁止しあるいは制限する政策に関する一切の議論の根本に横たわる疑問に対して，われわれは今ようやく一指を染めたるにすぎない。かかる政策の国民所得に及ぼす影響を正確に分析するにはなお不十分である。これがためには，われわれはそれが社会の富の分配に及ぼす傾向いかんをも観察せねばならないのである。われわれはこの困難なる問題をここに論じようとはしない。それは本書において目的とする純粋の抽象的議論から離れすぎるからである。われわれが関税に関するスミス学派の説をくつがえすに努めたとしても，それは単に理論的考察よりするものであって，自ら禁止法あるいは制限法の賛成者たらんとするものでは断じてないのである。さらに商業の自由というがごとき問題は，科学者の議論によっても政治家の叡知によっても決定されるものではないことを，十分に認めねばならぬ。より高きある力が諸国民をこの方向かの方向に追いやるものであって，ある体系の時代が過ぎ去れば，善き議論も悪き議論も共にその失える生活力を回復しえないのである。ゆえに政治家の手腕は，天の法則に対して不可能なる抗争を試みることなくして，革新的精神の熱心を調節することに存する。健全なる理論を所有することは，急激なる革命に抵抗して一の体系より他の体系への移動を円滑ならしめるところのこの努力

を援けるゆえんである。すなわちそれは論争の点にいっそうの光を与えて，激成せられる感情を慰撫するのである。体系には狂信者がある。しかし体系に続く理論にはそれがない。最後に社会組織に関する理論は，たとえ日々の行為を指導しえないとしても，少なくともすでにできあがった事実の歴史に光を投ずるものである。経済理論が社会に及ぼす影響は，ある程度までこれを文法家の言葉に対する影響に比較することができる。言葉は文法家の同意なくして形成せられ，また文法家のあるにもかかわらず腐敗する。しかしかれらの仕事は言葉の形成および衰退の法則に光を投ずべく，また言葉が完成に達する時期を促進して，これを腐敗せしめる不純なる語法および悪趣味の侵入を多少なりとも遅れしめるのである。

## 付録　数学に対する注解

〔本文はフィッシャー教授の論文 "Cournot and Mathematical Economics" (*Quarterly Journal of Economics*, Vol. 12, 1898) に添えて同誌上に発表せられた数学注解 Notes on Cournot's Mathematics により記した。この注解の読者に予想せられる数学の程度は，原著における数学と同様に微積分学の初等原理で足りる。しかしなお根本的に研究する人々のためには特にクールノー英訳の読者を対象として書かれたフィッシャー教授の好著 A Brief Introduction to Infinitesimal Calculus, designed especially to aid in reading Mathematical Economics and Statistics, N. Y., 1897, 3rd ed. 1906 が役だつであろう。

なおフィッシャー教授が上の論文において指摘している数学上の誤謬についても，ここに述べておく必要がある。原著の英訳者ベーコン(Bacon)によって発見せられた誤謬は35個に上るのであるが，そのほとんど全部は単なる誤植にすぎない。重大なる結果に導いているものはただ次の二つである。その一つは，第70節の方程式(6)の誤謬であって，これは次の注50に詳説せられている。その二は，第90節（本文139ページ）の不等式 $E<E-(D_b-D_b')$ である。この不等式は $D_b<D_b'$ の意味を含むものであるが，それは第89節（本文137ページ）の言葉と矛盾するのである。原著者は，$D_b$ がここでは消費高を表わすにあらずして，生産高を表わすものなること（第88節参照）を失念したのであろう，とフィッシャー教授は推論している (Fisher, "Cournot and Mathematical Economics", p.132, note)。〕

注1　（本文25ページ）

$c_{3,2}$ を見いだすには，24ページ方程式$(c)$の第2式によって，$c_{3,1}$ の値を $c_{2,1}$ の値で除すればよい。$c_{3,1}$ および $c_{2,1}$ の値はもちろんその上の2方程式を解

いて得られたものである。（数学的読者はクールノーが行列式を知らなかったに相違ないと気づくであろう。それはクールノーの時代には広く用いられていなかったものである。そうでないとすれば，かれは確かに(d)の一般的解決を示しているはずであって，3中心の特殊の場合に限るには及ばない。同様に99および103ページの$Q$および$R$も行列式として説明せられたはずである。）

注2（本文26ページ）

(1)における貨幣の純輸入額$I$は，単に(2)に対するもののみではなくすべての源泉に対する(1)の債務合計と(1)に対する債務合計との差額である。$E$についてもまた同じ。方程式$(e)$を証明するにはこれを詳細に書けばよい，すなわち$E$および$I$の値を代入すればよい。しからば両辺の2項は消去せられて，（ただし$\gamma_{1,2}\gamma_{2,1}=1$である）その結果は，初めの二つを除いて$(d)$のすべての方程式を加えて得られるものと一致する，ただしここでは，$c_{2,1}$は$\gamma_{2,1}$であり，また$c_{3,2}\gamma_{2,1}=c_{3,1}$なること等を記憶せねばならない。

注3（本文40ページ，方程式(1)）

$pF(p)$を極大ならしめる$p$の値は，$pF(p)$の微係数，すなわち$F(p)+pF'(p)$を，零に等しと置いて得られる方程式の根である。

注4（本文41ページ）

$pD$を極大ならしめることを幾何学的に説明すれば，矩形$On$を極大ならしめることとなる。この矩形の面積は，その底辺$Oq$あるいは$p$とその高さ$qn$あるいは$D$との積だからである。$n$の位置が$Oq=qt$なる場合に$On$は極大なりとは，幾何学の命題である。実際上の方程式は，方程式(1)の幾何学的形態である。すなわち方程式(1)を書き換えて$p=\dfrac{F(p)}{-F'(p)}$とすれば，左辺は$Oq$によってまた右辺は$qt$によって表わされる。（けだし$F(p)$は$nq$，また$F'(p)$すなわち$n$における曲線の勾配は$\dfrac{nq}{-qt}$である，したがって$\dfrac{F(p)}{-F'(p)}=\dfrac{nq}{\dfrac{nq}{qt}}=qt$。）

注5（本文42ページ，第25節）

## 付録　数学に対する注解

$pF(p)$ について極大および極小の場合を区別するには，$pF(p)$ の第2微係数，すなわち $F(p)+pF'(p)$ の微係数，あるいは $2F'(p)+pF''(p)$ に判定をまつ。これが負か正かに従って，$p$ の値は極大あるいは極小に応ずるのである。この第2微係数は，$p$ に対して40ページ(1)より得られるその値 $-\dfrac{F(p)}{F'(p)}$ を代入して変形することができる。次にかくして得られる不等式の全体に $F'(p)$ を乗じて分母を払い，またこれは負数であるから不等式の符号を逆にする。最後の結果は43ページの上段にあるものとなる。この結果を吟味すれば，第1項は必然的に正であり，第2項，$-F(p)F''(p)$ もまた $F''(p)$ が負なる限り正なるべきことがわかる。

注6　（本文44ページ）

方程式(1)は，$p=\dfrac{F(p)}{-F'(p)}$ を与え，これに $F(p)$ を乗ずれば $pF(p)=\dfrac{[F(p)]^2}{-F'(p)}$ を与える。

注7　（本文45ページ，方程式(2)）

純収益 $pF(p)-\varphi(D)$ を極大ならしめるには，その微係数が零なることを要する，すなわち $F(p)+pF'(p)-\dfrac{d\varphi(D)}{dp}=0$。クールノーの結果(2)はこれと同一である。ただ $F(p)$ の代わりに $D$，$F'(p)$ の代わりに $\dfrac{dD}{dp}$，また $\dfrac{d\varphi(D)}{dp}$ の代わりに $\dfrac{d\varphi(D)}{dD}\times\dfrac{dD}{dp}$ があるにすぎない。49ページ(3)に与えられている形はここに表わしたものに近い。

注8　（本文49ページ）

$\psi(p)$ が $\psi(p)+u$ に置き換えられるものとすれば，方程式(3)すなわち
$$F(p)+F'(p)[p-\psi(p)]=0 \tag{3}$$
は
$$F(p)+F'(p)[p-\psi(p)-u]=0 \tag{3'}$$
となる。

(3)の根を $p_0$ とすれば，(3')の根は $p_0+\delta$ と呼ばれる。すなわち(3)は
$$F(p_0)+F'(p_0)[p_0-\psi(p_0)]=0$$

また(3′)は

$$F(p_0+\delta)+F'(p_0+\delta)[p_0+\delta-\phi(p_0+\delta)-u]=0$$

と書くことができよう。さてテーラーの定理によれば，

$$F(p_0+\delta)=F(p_0)+\delta F'(p_0)+（\delta ノ 2 乗以上ノ高羃ヲ含ム諸項）$$

であって，これらの高次項は，$\delta$ を十分小なるものと仮定しまたテーラーの定理を適用しうるものとすれば，すべて無視しうるものである。この値を $F(p_0+\delta)$ に代入し，同様に，$F'(p_0)+\delta F''(p_0)$ を $F'(p_0+\delta)$ に，また $\phi(p_0)+\delta\phi'(p_0)$ を $\phi(p_0+\delta)$ に代入すれば，われわれは(3′)の他の形を得る。これより(3)を減じて，なお $\delta^2$ あるいは $\delta u$ のごとき第 2 次の増分を含む諸項を無視すれば，その結果は(4)である。ここに範例として示した手続きは，クールノーが頻繁に用うるものである。したがって注意深い学生は，1回限りで十分に理解しておくほうがいい。

注9 （本文50ページ）

第34節の直前の公式は，これにさきだつ公式に，(3)から得られる $p_0-\phi(p_0)$ の値，すなわち $-\dfrac{F(p_0)}{F'(p_0)}$ を代入し，次いでその全体に負数 $F'(p_0)$ を乗じ，不等式の符号を逆にすれば得られる。

注10 （本文57ページ）

$p'-p_0$ の値は 49 ページ方程式(4)と同様にして得られる。実際 49 ページの(4)と現在の方程式とは形を除いて同一である。ここでは租税 $i$ が生産費の増加 $u$ に代わるものであって，価格の騰貴たる $p'-p_0$ は $\delta$ と同じ大いさである。これが同一なることは49ページの(4)から $\delta$ の値を得て，その分母子に $F'(p_0)$ を乗じ，また分母中の $F'(p_0)[p_0-\phi(p_0)]$ に対して57ページの第一方程式によって与えられるその値 $-F(p_0)$ を代入すればわかる。

注11 （本文58ページ）

すなわち価格 $p_0$ における純所得と価格 $p'$ における純所得との相違より生ずる損失，ただし後の純所得は税額 $iF(F')$ の控除を含むものである。

付録　数学に対する注解

注12　（本文58ページ）

左辺は2行上にある関数の極大値であるから，必然的に，その関数の他の値たる右辺よりも大である。

注13　（本文58ページ）

この公式は，これに続く二つの不等式を加えて得られる。

注14　（本文59ページ）

この方程式については注3を見よ。

注15　（本文60ページ，第40節）

この方程式については注11を見よ。

注16　（本文62ページ，第42節）

二つの場合の第二は63ページの14行目から始まるのであって63ページの7行目から始まるのではない，それは第一の場合の細分に関するのみである。

注17　（本文68ページ）

方程式 (1) において，$D_1 = 0$ と置いて尋ねんとする問題の意味は，いかなる事情の下において，生産者(1)は $D_1 = 0$ とすること，すなわち全然生産を中止することを，利益なりとするかに存する。$f(D_2) = 0$ なるとき，というのが答である。$D = D_1 + D_2 = D_2$ であるから，$f(D_2)$ は $f(D)$ あるいは $p$ である（65ページ）。したがって $p = 0$ となる。実際生産者(1)が生産を中止するのは，相手の生産高 $D_2$ が価格を零ならしめるまでに大なる場合に限るということは，アプリオリに明白である。これに反して方程式 (2) において $D_1 = 0$ と置くのは，生産者(1)が競争圏内より退くものとして，生産者(2)のなすところいかんを，尋ねんとするものである。かれは単純なる独占者となって $pD_2$ を極大にするであろう，というのが答である。これを遂行するためには，$p$ は零であってはならない。すなわち以上二つの場合とも，$D_2$ は総生産高を示している。しかし第一の場合には，その生産高が価格を零ならしめるほど大であり，第二の場合には，そうでないのである。したがって第一の場合の $D_2$

は，第二の場合の $D_2$ よりも大となる。

注18　(本文69ページ)

方程式 (3) は，前方程式の $f(D)$ に対して $p$ を，また $f(D)$ に対して $\dfrac{dp}{dD}$ (これは $\dfrac{df(D)}{dD}$ と同一である) を代入し，次いで全体を $\dfrac{dp}{dD}$ で割れば得られる。

注19　(本文70ページ，第45節)

ここに $x$ は $p$ を表わすものとして置かれるが，$y$ は特別な経済上の意味を有しない。2曲線の交わりが方程式 (3) の解になるというのは，交点の $x$ が (3) を満足する $p$ の値に等しい，というのである。この理由は交点に対する2曲線の座標が相等しいことにある，しかして，一方の $y$ は $2x$ に等しく，他の方の $y$ は $-\dfrac{F(x)}{F'(x)}$ に等しいから $2x = -\dfrac{F(x)}{F'(x)}$ となるのである。この方程式は明らかに (3) の一形式であるから，これを満足する $x$ は，(3) を満足する $p$ に等しい。

注20　(本文71ページ)

与えられたる結果を伴うためにこの曲線 (曲線 $y = -\dfrac{F(x)}{F'(x)}$) が満たすことを要する条件の叙述は，不完全である。$x = 0$ に対するこの関数の値も ($x > 0$ の場合と同じく) 正なることを要する，と付加するのが当然である。

注21　(本文71ページ)

方程式 (5) は，67ページの2生産者に対する方程式 (1) および (2) に対して，生産者の数を $n$ とする単純なる一般の場合にすぎない。

注22　(本文72ページ)

方程式 (6) は，各生産者の利益を極大ならしむべき条件である。その利益はもはや66ページの式によって与えられることなく，生産者(1)に対しては，$\varphi_1(D_1)$，生産者(2)に対しては $\varphi_2(D_2)$ 等，これより生産費を差し引きたる式によって与えられる。各生産者の利益を示すこの新たなる式の微係数は，方程式 (6) を与える。

## 付録　数学に対する注解

注23　（本文72ページ）

$\dfrac{dD}{dp}$ は，需要の法則に基づいて負数である。価格 $p$ の増加は，需要 $D$ の減少をもたらす。

注24　（本文73ページ）

方程式 (7) は，前方程式を $f'(D)$ をもって除し，かつ $f(D)$ に対して $p$ を代置すれば得られる。

注25　（本文73ページ）

方程式 (8) 以後は，(8) より得られる $p$ の値は (7) より得られるものよりも大なり，という困難な証明に捧げられている。議論に関係はないが，73ページ方程式 (8) に続く最初の叙述は，必ずしも真ではない。

注26　（本文75ページ）

72ページの方程式 (6) は，$D_1$ が $D$ の一関数なることを示す。ところが $D$ は $p$ の関数である。よって $D_1$ は $p$ の関数となる。クールノーはこの関数を $\psi_1(p)$ あるいは $\psi_1(x)$ と呼ぶのである。同様に $D_2$ も $p$ の関数であって，$\psi_2(p)$ あるいは $\psi_2(x)$ と呼ばれる。以下これに準ずる。

注27　（本文75ページ）

注19の場合と同様に，$(a)$ および $(b)$ の右辺を等しと置けば，交点の横座標が得られる。ところがかくして作られる方程式は，73ページの (7) と同一である。ゆえにその根もまた (7) の根と等しからざるをえない。

注28　（本文75ページ）

$OP$ は $(b)$ において $x$ が零なる場合の $y$ の値である。すなわちそれはマイナス大かっこ，あるいは $-\Sigma\psi_n(x)$ である。同様に $OP'$ は $(b')$ において $x$ が零なる場合の $y$ 値，すなわち $-\psi(x)$ である。$\Sigma\psi_n(x) > \psi(x)$ であるから，$OP$ の絶対値は $OP'$ よりも大である。

注29　（本文76ページ）

ここに「生産を中止する」というのは，「生産の拡張を止める」という意味

であって，「事業を廃する」ことではない。

注30 （本文78ページ）

　この方程式は，72ページ方程式(6)のいずれか一つの形である。添数 $k$ は，添数1，2等のいずれか一つに当たる。(6)とこの新たなる形との同一なることを知るためには，単に(6)の $f(D)$ に対して $p$，$f'(D)$ に対して $\dfrac{dp}{dD}$ を代置し，全体を後者をもって除すればよい。

注31 （本文81ページ）

　この方程式を得る手続きは，注8に説明したものと同一である。すなわち (3) を $\Omega(p_0)=F(p_0)$，(4) を $\Omega(p_0+\delta-u)=F(p_0+\delta)$ と書いて，後者をテーラーの定理によって展開したる後，これより前者を減ずるのである。

注32 （本文81ページ）

　これらの二つの不等式は，$u$ が正と与えられていることを記憶すれば，明白である。

注33 （本文84ページ）

　方程式(5)は次のごとくにして得られる。利益を示す式は，明らかに $D_k p - \varphi_k(D_k) - npD_k$ である，すなわち総収益より生産費および租税の額を差し引きたるものである。これを極大ならしめる条件は，例のごとく，この式の微係数を零ならしめることを必要とする。この微係数は，明らかに(5)の左辺プラス $D_k \dfrac{dp}{dD_k}$ である。しかし後者は，次段の説明に従って無視することができる。もっともクールノーは，確かに他の獲得方法を心に置いていたようである。でなければ，$\dfrac{dp}{dD_k}$ に関するかれの説明は，すでに早くなされているはずである。

注34 （本文84ページ）

　$\dfrac{dp}{dD_k}$ は小なるものと推定されている。すなわち生産増加の価格に及ぼす影響は，生産物の単位については小なるものと仮定されるのである。それは $D_k$ が小なるためではない。ただしクールノーはそういっているように思われる。

付録　数学に対する注解

注35　（本文84ページ）

方程式(6)は，$p(1-n)-\varphi_k{}'(D_k)=0$ の助けをもって得られる。79ページの(3)が $p-\varphi_k{}'(D_k)=0$ の助けによって得られると同様である。

注36　（本文85ページ）

方程式(7)は，次の積分の場合と同様に，積分の下限として 0 を記さねばならない。〔訂正済み〕

注37　（本文86ページ）

この方程式は，例によって極大の条件によって形成される。すなわちその積分の微係数は $\varphi_k{}'(D_k)$ なることを記憶して，85ページの式(9)を微分するのである。

注38　（本文89ページ）

方程式(1)および(2)において忘れてはならないのは，$F'$ が $p_1$ または $p_2$ に関する微係数ではなくて，$(m_1p_1+m_2p_2)$ に関する微係数なることである。すなわち(1)における $F'(m_1p_1+m_2p_2)$ は，$\dfrac{dF(m_1p_1+m_2p_2)}{d(m_1p_1+m_2p_2)}$ であって，$\dfrac{dF(m_1p_1+m_2p_2)}{dp_1}$ ではない。

上の微分方程式 $\dfrac{d(p_1D_1)}{dp_1}=0$ から方程式(1)を得るにはまず $\dfrac{d(p_1D_1)}{dp_1}=D_1+p_1\dfrac{dD_1}{dp_1}$ なることを認め，次に $D_1$ に対しては88ページ方程式(b)によって与えられるその値を代入し，また $\dfrac{dD_1}{dp_1}$ に対してはその値

$$m_1\times\frac{dF(m_1p_1+m_2p_2)}{d(m_1p_1+m_2p_2)}\times\frac{d(m_1p_1+m_2p_2)}{dp_1}$$

を代入する。これら二つの微係数の第一は $F'(m_1p_1+m_2p_2)$ である。第二のものは $p_2$ を常数として取り扱いつつ指定の微分を実行して見いださるべく，それは単に $m_1$ となること明白である。これらの代入および共通の因数 $m_1$ の消去によって，われわれは方程式(1)に達する。

注39　（本文89ページ）

— 159 —

方程式(1)は，仮定されたる $p_2$ の値に対して生産者 (1) の利益を極大ならしむべき $p_1$ の値を与える。そこで問題が起こる。$p_2$ の仮定されたる値における変化は，これより結果する $p_1$ の値にいかなる影響を及ぼすか，簡単にいえば $\dfrac{dp_1}{dp_2}$ の性質いかん。$p_2$ の増加は，$\dfrac{dp_1}{dp_2} \gtreqless 0$ のいかんに従って，$p_1$ の増加あるいは減少をもたらす。ところで $\dfrac{dp_1}{dp_2}$ を求める規則は，まず $p_1$ を一定と取り扱って(1)の左辺の $p_2$ に関する微係数をとり，つぎにさらに $p_2$ を一定と取り扱って $p_1$ に関する微係数をとって，第一の微係数を第二で除し，これにマイナスの符号を付するにある。これによって進めば，$p_2$ に関する微分は（方程式(a)によって $m_1 p_1 + m_2 p_2$ の代わりに $p$ を用いて） $m_2 F'(p) + m_1 p_1 m_2 F''(p)$ を与うべく，また $p_1$ に関する微分は $2m_1 F'(p) + m_1^2 p_1 F''(p)$ を与える。前の式を後者をもって除し，これにマイナスの符号を付し，その結果を不等式 $\dfrac{dp_1}{dp_2} \gtreqless 0$ における $\dfrac{dp_1}{dp_2}$ の代わりに置く。次に因数 $-\dfrac{m_2}{m_1}$ を消去して（この因数は負数なるゆえに），不等式の符号を転換する。しからばわれわれは

$$\frac{F'(p) + m_1 p_1 F''(p)}{2 F'(p) + m_1 p_1 F''(p)} \gtreqless 0$$

を得る。$m_1 p_1$ に対して方程式(1)より得られるその値すなわち $-\dfrac{F(p)}{F'(p)}$ を代入し，これを整理すれば，われわれは89ページに与えられたる所要の結果に到達する。

注40 （本文95ページ）

方程式 $(e_1)$ および $(e_2)$ は，注38に説明したると同一の手続きによって得られる。

注41 （本文95ページ）

この方程式は，88ページの$(b)$から得られる。

注42 （本文95ページ）

付録　数学に対する注解

$\varphi_1{}'(D_1)$ を常数とすれば，それは各増加単位の生産費が同一なることを意味する。クールノーはこのほかになお，生産物がなくなれば生産費もなくなることを暗黙に前提している。したがって $\varphi_1{}'(D_1)$ は各単位の生産費であり，またそれゆえに，いうまでもなく，総単位の平均生産費である。すなわち $\varphi_1{}'(D_1) = \dfrac{\varphi(D_1)}{D_1}$ である。これは次のようにして解析的にも立証しうる。与えられたるものは，$\varphi_1{}'(D_1) = \text{constant} = k$ あるいは $\varphi_1{}'(D_1)dD = kdD$ である。これを積分すれば，$\varphi_1(D_1) = kD_1 + C$ となる。$D_1 = 0$ に対しては，$\varphi_1(D_1) = 0$ なるによって，$C = 0$ を得る。これより $\dfrac{\varphi(D_1)}{D_1} = k = \varphi_1{}'(D_1)$。 $\varphi_1(0) = 0$ なる仮定はしばしば確かめえないことは，注意すべき点である。クールノーは，この場合にはこの事実を無視しているように思われる。ただし他の所では，これを明白にいい表わしているのである。（48ページの方程式に続く説明を見よ。）

注43　（本文96ページ）

方程式 $(f)$ は，95ページ $(e_1)$ および $(e_2)$ を加え，88ページの $(a)$ を適用して得られる。これに続く二つの方程式は，$m_1p_1 + m_2p_2 = p$ あるいは95ページの方程式 $(a)$，および $m_1p_1 - m_2p_2 = m_1\varphi_1{}'(D_1) - m_2\varphi_2{}'(D_2)$ あるいは95ページ6行目の方程式を加え，あるいは減じて見いだされる。

注44　（本文96ページ）

方程式 $(f')$ は45ページの(2)，あるいは49ページの(3)の一形態である。ただし $\varphi(D)$ はここでは $\varphi_1(D_1) + \varphi_2(D_2)$ であり，したがって $\dfrac{d[\varphi(D)]}{dD}$ は $\varphi_1{}'(D_1)\dfrac{dD_1}{dD} + \varphi_2{}'(D_2)\dfrac{dD_2}{dD}$ なること，および88ページの方程式 $(b)$ の示すところによれば $\dfrac{dD_1}{dD}$ および $\dfrac{dD_2}{dD}$ の値はそれぞれ $m_1$ および $m_2$ なることを記憶せねばならぬ。

注45　（本文106ページ）

方程式(1)は79ページの(3)と同一である。

注46 （本文106ページ）

方程式(2)は，国内の供給と外国の供給との和が国内および外国需要の和に等しいことを述べる。

注47 （本文107ページ）

(4)を得るには，まず(2)を

$$\Omega_a(p_a+\delta)+\Omega_b\{p_b+(\delta+\varepsilon-\omega)\}=F_a(p_a+\delta)+F_b\{p_b+(\delta+\varepsilon-\omega)\}$$

の形に書き，これをテーラーの定理によって展開して，これより106ページ方程式(1)の合計を減ずればいい。次の公式も同様にして得られる。

注48 （本文109ページ，第70節）

この方程式は単純に106ページの(2)からダッシュを除いたものにすぎない。

注49 （本文110ページ，第70節）

第二の公式において，$u$ は $\varepsilon$ に対する増加として取り扱われ，また $\delta$ はこの結果たる $p$ の増分として取り扱われている。すなわち第二の公式は第一のものにほかならぬのであって，単に $\varepsilon$ に対して $\varepsilon+u$ が代わり，また $p$ に対して $p+\delta$ が代わるにすぎない。

注50 （本文110ページ）

すでに述べたように方程式(6)は不正確である。前の方程式をテーラーの定理によって展開し，これより第二の方程式を減ずれば，

$$\delta\Omega_a{}'(p)+(\delta+u)\Omega_b{}'(p)=\delta F_a{}'(p)+(\delta+u)F_b{}'(p)$$

となる。これを $\delta$ について解けば，(6)の第一方程式たるべきものを得る。しかしわれわれは，($\varepsilon+u$)の代わりに，単に $u$ を見いだすのである。そこで第二方程式のほんとうの形は，いま以上に得たる結果に $u$ を加えて得られる。この訂正方程式が本文に与えられたるものと異なるところは，分子の第2項 $\varepsilon[……]$ をもたないことである。(6)を得る場合の，この重大なクールノーの誤謬は，明らかに，テーラーの定理を適用するにあたって，機械的に各展開における第1項を切り捨てて，正式に前方程式より減じない習慣に

付録　数学に対する注解

基づくものである。すなわちクールノーは，第70節の第一方程式を第二のものの展開から減ずるに代えて，事実上 $\Omega_a(p)+\Omega_b(p)=F_a(p)+F_b(p)$ を減じたものであるが，これは正しい方程式ではないのである。

注51　（本文110ページ）

1) はかくて次のごとく読まれねばならない。「……またその絶対値は $u$ よりも小である。すなわち関税は，常に輸出市場における商品価格を下落せしむ・べく，下落の大いさは，常に関税よりも小であろう。」この相違を来たす理由は，(6) の第一方程式の右辺における分数が真分数なることにある。けだし分母は分子よりも大であって，事実，分子の有する一切の項に加えてなお他の諸項を有し，かつ一切の項が正であるからである。　2) は，「$\delta+u$ は，常に正にして $u$ よりも小である」と読むべきであり，それは方程式 (6) の訂正された形に含まれる一つの結論である。

注52　（本文111ページ）

二つの場合を考える必要はない。前の場合においては，$\delta$ は正にして，その絶対値は $u$ よりも小である。したがって商品は，輸出市場においては必ず騰貴すべく，また $\delta+u$ は負なるがゆえに輸入市場においては必ず下落する。$\delta$ は $\varepsilon$ に対してなんの関係もない。

注53　（本文112ページ）

$\varepsilon$ が $\delta$ および $u$ のごとく小なる量ならずとしても，方程式 (7) は真である。$\varepsilon$ が小なるものとすれば，これを (7) に表わすことは不必要である。前の公式から (7) を得るにあたって，クールノーは，明白に $\Omega_b(p+\delta+\varepsilon-u)$ を，$\Omega_b(p+\varepsilon)+(\delta-u)\Omega_b'(p+\varepsilon)$ に等しと呼んでいる。（$\delta-u$ をもって $p+\varepsilon$ の増分とするように，テーラーの定理を適用するのである。）ところがもし $\varepsilon$ が小なりとすれば，かれはこれを $\Omega_b(p)+(\delta+\varepsilon-u)\Omega_b'(p)$ に等しと呼びえたはずである。（$\delta+\varepsilon-u$ をもって $p$ の増分とみなすのである。）この注意は，クールノーの結果とかれに従わんとする研究者の獲得すべき結果とを調和するに役だ

つであろう。

# あ と が き

　単行本の形としては，中山伊知郎先生のクールノーの『富の理論』の翻訳書は，これまでに3回出版されている。年代順に記すと
(1)　クールノー『富の理論の数学的原理に関する研究』内外経済学名著・第四冊・同文館・昭和2年11月
(2)　クールノー『富の理論の数学的原理に関する研究』文庫版・岩波書店・昭和11年6月
(3)　全訳註解『クールノー数理経済学』同文館・昭和24年3月
がそれである。最初の(1)は同文館の「内外経済学名著」のシリーズの第四冊として刊行されたものであって，その経緯は本訳書に収録された中山先生の序文(2)に詳しく述べられている。次いで昭和11年にはこの同文館のものに修正を加えて岩波書店から文庫本として出版された。上記の(2)がそれである。文庫版は5刷が出版されたが，その間に若干の朱筆が加えられてきた。そして戦後にはさらに第3回目の単行本が同じく同文館から出版された。(3)がそれである。ただし，この第3回目の翻訳書には，これまでとは違って，久武雅夫教授との共同執筆になる解説が各章ごとになされており，巻末には微分学・積分学・未定乗数法・行列式などに関する簡単な数学解説が附されている。その意味では前の二冊の翻訳書とは全く趣きを異にしている。

＊

　中山先生がクールノーの研究を始められたのは大正11年である。然るにクールノーのフランス語の原書が当時の東京商科大学の図書館に収納されたのは大正13年であるから，それまでは中山先生は，Ⅰ．フィッシャーの監修の下でT.

ベーコンによってなされた英語訳の本を利用されていたのである（このベーコンの飜訳書については，本書に収録された中山先生の序文 (1) を参照されたい）。ところで，このベーコンの飜訳書に対して，最近，ワルラスの研究者として有名な W. ジャッフェ氏が批判的なコメントを加えている。ジャッフェ氏のコメントの論文は

　　W. Jaffé, "Pareto Translated: A Review Article", Journal of Economic Literature, Dec. 1972.

であって，この中でジャッフェ氏は，ベーコンがクールノーの著書の第4章の見出し "De la loi du débit" を，"Of the Law of Sales" とすべきところを "Of the Law of Demand" としたのは，「単に不正確というだけではなく人を誤らせるものである」（上記論文 p. 1192）と論じているのである。ジャッフェ氏がこのような論述を行っている基本的な理由は，クールノーの需要関数は経験的統計的なものであって決して理論的な概念（例えば消費者の効用関数から出発し極大化行動の結果として誘導されるような概念）ではない，ということを強調することにある。さらにまたジャッフェ氏は，クールノーの著書の第4章の前初から第3番目のパラグラフの文章

　　"Que l'on manque de moyens statistiques, pour évaluer numériquement avec exactitude, soit la quantité offerte, soit, la quantité demandée, cela n'a jamais été mis en doute, et n'empêcherait pas qu'on ne pût tirer du principe des conséquences générales, susceptibles d'être utilement appliquées," [1838, p. 47].

を次のように英語に移した時，ベーコンはクールノーを「低評価させるように歪曲して飜訳してしまった」と述べている。

　　"It has never been considered that the statistics necessary for accurate numerical estimation might be lacking, whether of the quantity offered or of the quantity demanded, and that this might prevent deducing from this principle general consequences capable of useful application" [1897, p. 45].

私は，ジャッフェ氏のような厳密な学説史家の，一語の曖昧さへの妥協も許さないこのような態度には，只管に畏敬の念を禁じえない。ただ，クールノー自身は "le débit" と "la demande" とを同義語として用いると明言しており，その意味からすれば，需要関数に対するクールノーの経験的統計的理解を誤解さえしなければ，第4章の見出しを「需要の法則について」としても不都合ではないであろうと思われる（なお，W. ジャッフェ氏の論文へ注目すべきことを御教示して下さった安井琢磨先生に感謝しなければならない）。

＊

本訳書は，中山伊知郎全集第三集『数理経済学説研究Ⅱ』（講談社・昭和48年6月）に収録されたクールノーの飜訳を再録したものである。これは上記の岩波文庫のものを底本としたものであって，I. フィッシャーの手になる数学注解もそのままである。この数学注解は同文館の(1)の時にすでに収録されていたのであるが，(3)において除外され，そして中山伊知郎全集において再びとり入れたものである。また，本書に収められた中山先生の序文（1）は岩波文庫の時のものであるが，序文（2）は中山伊知郎全集第三集のために書かれた中山先生の序文からの抜粋である。もし中山先生が御存命であったならば，本書のために先生は新たに序文を書かれたかも知れないが，しかし二つの序文でクールノーに対する中山先生の評価は充分に理解することができるのである。最後に，本書のために中山伊知郎全集第三集の全面的な利用に許諾を与えて下さった講談社学術局に対して，心から御礼を申上げなければならない。

昭和57年4月9日

荒　憲治郎<br>（一橋大学）

〔訳者略歴〕

**中山伊知郎**（なかやま　いちろう）

明治31年　三重県・伊勢市に生まれる
大正12年　東京商科大学卒業
昭和 4 年　同大学助教授（「経済原論」担当）
　12年　同大学教授（同上）
　14年　経済学博士（学位論文「発展過程の均衡分析」）
　22〜35年　日本学術会議会員，副会長（第 4 期）
　24〜30年　一橋大学学長
　31〜36年　国際経済学協会（ＩＥＡ）理事
　37年　一橋大学名誉教授
　38年　日本学士院会員
　43〜45年　理論計量学会会長
　43年　文化功労者
　55年　没

〈おもな著書〉
『中山伊知郎全集』全18巻・別巻 1 ・補巻 1 ，講談社
（1972〜73, 1981）

---

近代経済学古典選集— 2
クールノー　**富の理論の数学的原理に関する研究**

---

1982年 5 月 6 日　第 1 刷発行
1986年 2 月10日　第 2 刷発行

　　訳　者　中　山　　伊知郎
　　発行者　栗　原　　哲　也

　　　発行所　株式会社 日本経済評論社

　〒101東京都千代田区神田神保町3-2
　電話03-230-1661 振替東京3-157198

---

乱丁落丁本はお取替え致します。　　三栄印刷・山本製本
　　　　　　　　　　　　　　　　　　　　Ⓒ　1982

中山伊知郎・柴田 敬・安井琢磨監修
# 近代経済学古典選集〈第Ⅰ期〉

チューネン著／近藤康男・熊代幸雄訳
① 孤　　立　　国
0343-X　C3333　　A5判　676頁　8500円

150年も前の資本主義の入口にあった時代に書かれた農学と経済学に関する貴重な古典。第1部の差額地代論，第2部の自然価格論の展開に加え，第3部林業地代論を収録する。（1989年）

クールノー著／中山伊知郎訳　荒憲治郎序文
② 富の理論の数学的原理に関する研究
（オンデマンド版）1625-6　C3333　A5判　190頁　3500円

マーシャル他の近代理論の展開に大きく貢献した書。独占・複占・完全競争下の均衡の所在を数学的に求め，中でも独占価格理論は今日においてもなお，光彩を放っている。（1982年）

ワルラス著／柏崎利之輔訳
③ 社会的富の数学的理論
（オンデマンド版）1626-4　C3333　A5判　140頁　3000円

本書は，経済現象の相互依存性を連立方程式群の形で示す，一般均衡理論を体系づけた主著『純粋経済学要論』への，理論的手掛りを展開する前駆的論文である。（1984年）

ジェヴォンズ著／小泉・寺尾・永田訳／寺尾琢磨改訳
④ 経　済　学　の　理　論
0347-2　C3333　　　A5判332頁　5800円

財貨の交換価値を限界効用から説明しようとする試みはすでに1862年になされているが，1871年刊行の本書によって，主観価値理論と限界理論とを確立するまでにいたる。（1981年）

メンガー著／福井孝治・吉田昇三訳／吉田改訳
⑤ 経　済　学　の　方　法
（オンデマンド版）1627-2　C3333　A5判　422頁　6500円

主著『国民経済学原理』に対する無理解に反駁するために，本書は書かれた。

（1986年）

パレート著／松浦 保訳
⑥ 経　済　学　提　要
　　　　　　　　　　（未刊）

本書においてパレートは，経済学をいわゆる〈論理的実験的〉な自然科学的方法で構成すべしという方法を詳説，又ワルラス方程式体系を押し進めた経済均衡の数学的理論を大成した。

ウィクセル著／北野熊喜男改訳
⑦ 利　子　と　物　価
（オンデマンド版）1628-0　C3333　A5判　250頁　4200円

ウィクセルの学問的地位を不朽ならしめた名著である。内容は貨幣の購買力と平均価格，相対価格と絶対価格，貨幣生産費説，貨幣数量説とその反対論者，貨幣の流通速度他。（1984年）

ウィクセル著／北野熊喜男訳
⑧ 価値，資本及び地代
（オンデマンド版）1629-9　C3333　A5判　248頁　4600円

生産の時間要素を重視し，資本利子と賃金との分配構造を一般均衡理論に結合する。

（1986年）

ウィクセル著／橋本比登志訳
⑨ 経　済　学　講　義〈Ⅰ〉
0010-4　C3333　　　A5判　510頁　7500円

Ⅰは人口，価値，生産・分配，資本蓄積，付録のカッセル批評，オカーマン批評からなる英語版からの新訳。ウィクセルは実物経済に関する均衡・成長の理論を構築した。（1984年）

ウィクセル著／橋本比登志訳
⑩ 経　済　学　講　義〈Ⅱ〉
　　　　　　　　　　（未刊）

Ⅱには貨幣と信用との理論を収める。

フィッシャー著／久武雅夫訳
⑪ 価値と価格の理論の数学的研究
　　　　　　　　　A5判　191頁　3800円

貨幣理論における不朽の業績貨幣数量説から物価指数論までの分析を無差別曲線分析により解明し，学位論文となったものであり，経済学上の業績として記念碑的地位を占める。（1981年）

フィッシャー著／気賀勘重・気賀健三訳
⑫ 利　　　子　　　論
（オンデマンド版）1632-9　C3333　A5判　517頁　7800円

時間選好要因と投資機会要因の両者による利子決定理論を展開，さらに利子率と「限界費用超過収益率」との両者による投資決定理論を明示する。（1980年）

ミーゼス著／東 米雄訳
⑬ 貨幣及び流通手段の理論
（オンデマンド版）1630-2　C3333　A5判　444頁　6800円

メンガーによって展開された限界効用理論は，本書において貨幣理論に適用され，ここに一般的価値理論と貨幣理論の緊密な結合が実現される。（1980年）

富の理論の数学的原理に関する研究
(オンデマンド版)

2004年10月10日　発行

著　者　　クールノー
訳　者　　中山　伊知郎
発行者　　栗原　哲也
発行所　　株式会社　日本経済評論社
　　　　　〒101-0051　東京都千代田区神田神保町3-2
　　　　　　電話　03-3230-1661　FAX　03-3265-2993
　　　　　　E-mail: nikkeihy@js7.so-net.ne.jp
　　　　　　URL: http://www.nikkeihyo.co.jp/

印刷・製本　　株式会社　デジタルパブリッシングサービス
　　　　　　　URL: http://www.d-pub.co.jp/

AB991

乱丁落丁はお取替えいたします。　　Printed in Japan
　　　　　　　　　　　　　　　　　ISBN4-8188-1625-6

Ⓡ〈日本複写権センター委託出版物〉
本書の全部または一部を無断で複写複製（コピー）することは、著作権法上での例外を除き、禁じられています。本書からの複写を希望される場合は、日本複写権センター（03-3401-2382）にご連絡ください。